Gunild Rosen • Erinnerungen

Gunild Rosen

Erinnerungen

Ein Leben am Rande einer turbulenten Zeit

FOUQUÉ PUBLISHERS NEW YORK

Library of Congress Cataloging-in-Publication Data
Author (Rosendahl, Gunild,)
[Erinnerungen. German]

ISBN 978-0-578-07977-6

Teil I

Geboren wurde ich am 01.09.1922 als Tochter des Ing. W. Vogel und seiner Ehefrau Erna geb. Schneider.

Aus dem Leben meiner Eltern vor dieser Zeit weiß ich nicht sehr viel. Meine Mutter als einziges Kind hatte ihre Erziehung in einem Mädchenpensionat bekommen, mittels Kriegstrauung meinen Vater geheiratet und am 20.04.1919 ihr erstes Kind, ein Mädchen namens Helga, zur Welt gebracht. Zu der Zeit wohnhaft in Bergkamen. Das war kurz nach Beendigung des 1. Weltkrieges.

Da zu unserer Wohnungseinrichtung ein halber Flugzeugpropeller gehörte, mit eingearbeiteter Uhr, war mir bekannt, auch anhand von Fotos, daß mein Vater Flugzeugführer im 1. Weltkrieg gewesen war. Der Propeller stammte von einem Absturz, den er ohne nennenswerten Schaden überstanden hatte.

Laut meiner Geburtsurkunde wurde ich in Altenessen geboren. Erkrankte kurz danach an einer sehr seltenen Krankheit. „Schälblasen". Heute wird sie wohl einen anderen Namen haben. Ich bekam eine Nottaufe. Nach Aussage meiner Mutter bestand ich nur noch aus einem kleinen Bündelchen rohen Fleisches, das Tag und Nacht unterbrochen gepudert werden mußte. Jedenfalls habe ich es überlebt. Zurück blieb nur eine sehr empfindliche Haut, die nur mit einer speziellen, medizinischen Seife gewaschen werden durfte. Etliche Jahre noch.

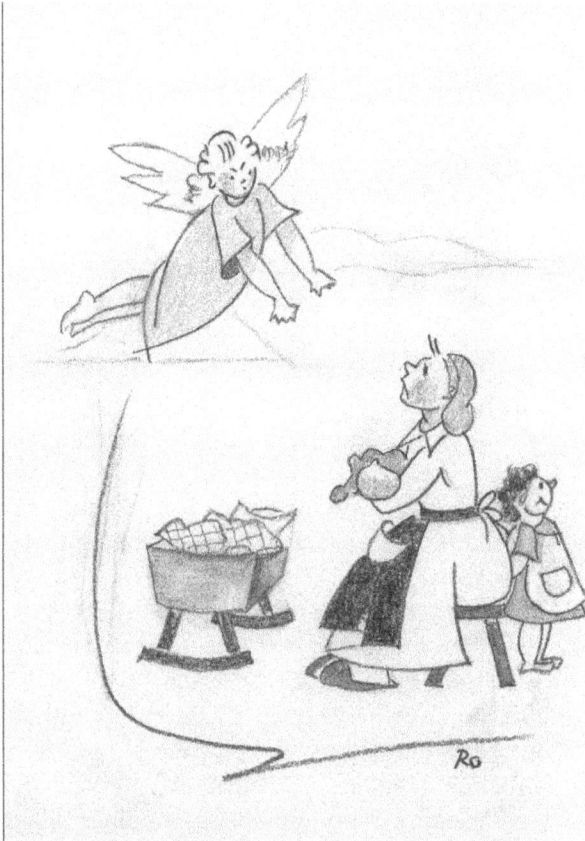

Das erste, an das ich mich vage erinnern kann, war die Wohnung meiner Großeltern mütterlicherseits in Altenessen. Auch an die Schule am Ende dieser Straße. Hier wurde ich eingeschult und bekam das ABC in Sütterlinschrift beigebracht.

Etwas aus der Zeit, als ich noch ein ganz kleines Mädchen war, das später in der Familie manchmal erzählt wurde:

Meine Mutter spazierte mit ihren beiden Kindern in Bad Salzuflen über die Kurpromenade. Mein Ball rollte einem seriösen, älteren Herrn vor die Füße, der ihn mir mit dem Fuß wieder zustieß. Zum Entsetzen meiner Mutter habe ich laut und wütend zu ihm gesagt: „Pasop du!" Im echten Ruhrkohlenpott-Jargon.

Dann mußte ich mit meinem Großvater, Opa Schneider, sonntagmorgens immer spazierengehen. Aber was „Laufen" anbetrifft, war
das etwas, was ich nie im Leben leiden konnte. Wenn dann bei diesen Spaziergängen eine Gaststätte in Sicht kam, hätte ich gefragt:
„Opa, hast du noch keinen Durst?"

Unser nächster Wohnsitz war in Waldenburg in Schlesien. Kurz nachdem ich zur Schule gekommen war. Aus dieser Zeit habe ich schon etwas klarere Bilder vor Augen. An zwei Wohnungen erinnere ich mich. In die erstere konnten wir erst einziehen, nachdem ein Kammerjäger die Wanzen ausgeräuchert und Fenster wie Türritzen mit irgendeinem Pulver bestreut hatte.

Vor dem Haus befand sich ein großer, freier Platz, und ich habe dort auf einem alten Herrenfahrrad fahren gelernt.

Unsere zweite Wohnung war in einem einsam gelegenen, etwas selt-
samen Haus am Fuße eines bewaldeten Berges. Es könnte ein still-
gelegtes Fabrikgebäude gewesen sein. Für uns Kinder zum Spielen
ideal. Es war unser Spukschloß.

Ein Hobby meines Vaters war dort eine Hühnerzucht. Oft saß ich Stunden mit meiner Schwester vor dem Brutkasten, in dem viele Eier lagen. Wir beobachteten dann voller Spannung, wie die Eier von innen aufgepickt wurden und ein feuchtes Etwas sich heraus-quälte.

Aber es dauerte nicht lange, dann waren daraus fertige kleine, flau-schige Küken geworden. Von dort kamen sie in ein riesiges ehema-liges Mistbeet.

Was mit ihnen weiter geschah, war allerdings entsetzlich. Mein Vater legte so ein kleines, inzwischen zu einem Hähnchen herangewachsenes Tierchen auf einen Holzklotz. Eines von uns Kindern oder Frieda, unsere Stütze im Haushalt, mußte den Kopf festhalten. Mein Vater hielt das andere Ende und schlug mit einem Beil dem Tier den Kopf ab. Unheimlich für mich war, daß das Hähnchen ohne Kopf noch eine ganze Weile weiterlief. Erstaunlicherweise hat mir das Tierchen in gebratenem Zustand dann doch wohl geschmeckt.

Dann erinnere ich mich, daß wir im Winter viel Schlittschuhlaufen waren. Fußballplätze wurden unter Wasser gesetzt und wenn gefroren, zum Eislaufen freigegeben. Mit Eintrittskarte, Musik aus Lautsprechern, und abends wurde der Platz beleuchtet. Ich glaube, ich bin recht gut gelaufen. Laut meiner Mutter, die uns oft abholte, hätte ich Pirouetten gedreht. Meine Schwester hat es nie richtig gelernt, genauso wenig wie schwimmen. Sie saß mehr auf dem Eis, statt zu stehen, geschweige zu laufen.

Aber auch hier war unseres Bleibens nicht von längerer Dauer. Meinen Vater zog es dieses Mal in Richtung Osten. Zunächst nach Serbien und dann weiter nach Rußland. Ansichtskarten bekamen wir von Herzegowina und der Krim. Meine Mutter, die seßhafter veranlagt war, sträubte sich, mit Sack und Pack, Kind und Kegel so einfach mit in die Fremde zu ziehen. Sie wollte lieber nach Altenessen zu ihren Eltern zurück.

Aber mein Vater faßte folgenden Entschluß: Er suchte auf der Landkarte ein ruhiges, ländliches Fleckchen in der Mitte Deutschlands. Mietete dort eine recht komfortable Wohnung, organisierte den Umzug und plazierte seine Familie dort. Er wollte beruhigt sein, daß wir nicht mit eventuellen politischen Unruhen, wie es im Ruhrgebiet leicht hätte der Fall sein können, konfrontiert würden.
So kamen wir das erste Mal in dieses kleine Harzstädtchen. Es müßte etwa 1929/30 gewesen sein.

Unseren Umzug hatte ein Spediteur aus dem Ort namens Peru. gemacht. Es handelte sich um ein kinderloses, jüdisches Ehepaar. Während mein Vater als typischer Rheinländer sehr kontaktfreudig war, war meine Mutter das genaue Gegenteil. Sehr still. Sie las sehr viel. Familie Peru. waren daher auch die einzigen Bekannten, zu denen sie eine nähere Beziehung hatte. Gemeinsame Theaterbesuche und gegenseitige Einladungen. Herr Peru. hatte immer etwas Leckeres für uns Kinder in der Tasche. Als mein Vater aus Rußland zurückkam, haben meine Eltern den Kontakt zu ihnen nicht abgebrochen, trotzdem damals schon die Hetzkampagne gegen Juden in vollem Gange war. Sie sind später im Konzentrationslager umgekommen.

Während seines Aufenthaltes in Rußland kam mein Vater des öfteren nach Hause zu Besuch. Er brachte uns natürlich immer etwas mit. Serbische Pantöffelchen, russisches Parfüm. Unter anderem für meine Mutter einen sibirischen Blaufuchs. Die Blaufüchse, die bei uns gezüchtet werden, sind ganz dunkel und längst nicht so schön. Der sibirische ist so weiß wie der Schnee dort. Wenn man in das Fell bläst, ist der Haaransatz zartblau.

Und natürlich echten Schmuck, den er allerdings über die Grenze schmuggeln mußte. Zum Beispiel: Er schnitt ein gebrauchtes Stück Rasierseife auseinander und zog ein Brillantarmband daraus.
Pakete mit russischem Kaviar und geräuchertem Stör kamen laufend an. Der Stör schmeckte uns sehr, aber den Kaviar mochten wir nicht. Den nahm sich meine Tante immer mit. Eine Schwester meines Vaters. Auf diesen Zweig der Familie gehe ich später noch ein.

Meine ersten Stiefel, die ich bekommen habe, waren von einem Russen handgearbeitet. Bei einem Besuch meines Vaters mußten meine Schwester und ich den Fuß auf ein Stück Papier stellen. Er zog die Umrisse nach und ließ danach die Stiefel anfertigen. Bei uns kannte man nur Stiefel, die wie Reitstiefel ganz steife Schäfte hatten, während die russischen im ganzen aus sehr weichem Leder waren.

Im Nachhinein muß ich noch feststellen, daß mein Vater bezüglich seiner Hobbys recht vielseitig war. Während seiner Besuche bei uns befaßte er sich mit Fotografie. In unserer Loggia, auf der sonnenbestrahlten Fensterbank, lagen kleine Rähmchen. Man konnte beobachten, wie sich so nach und nach auf dem darin eingespannten Papier, es ist anzunehmen, Fotokarton, ein Bild entwickelte.

Ebenso fiel mein erster Kinobesuch in diese Zeit. Die ersten Stummfilme wurden im Gemeindesaal unseres Ortes gezeigt. Ohne Wissen unserer Eltern haben meine Freundin und ich es geschafft, an eine Eintrittskarte zu kommen. Das Kino von innen. Eine mittelgroße Leinwand auf der Bühne. Gartenstühle und ein Klavierspieler. Das war alles. Erste Reihe vorne, nicht gerade bequem, folgten wir fasziniert der Handlung, von der wir höchstwahrscheinlich nicht allzuviel verstanden. Mit oder ohne Untertitel ist mir entfallen.

Wenn ich an den heutigen Stand der Fotografie, des Films, des Fernsehens und der technischen Möglichkeiten denke, wir haben das Jahr 2003, ist es kaum zu fassen, wie eine solche enorme Entwicklung innerhalb einer Generation stattfinden konnte.

Was bei der Filmindustrie den inhaltlichen Wert der Produkte anbetrifft, glaube ich, daß der Höhepunkt überschritten ist. Es mehr und mehr bergab geht. Bis auf wenige Ausnahmen. Geblieben ist an erster Stelle die Sucht, die technischen Möglichkeiten immer noch weiterzuentwickeln. Aber alles andere ist uninteressant geworden. Als Beispiel könnte man die Filme von Walt Disney und die per Computer produzierten Trickfilme anführen. Letztere sind meines Erachtens nur noch oberflächliche Massenware.

Aber zurück ins Jahr 1932/33.

Mein Vater kam aus Rußland zurück. Dort war Stalin an die Macht gekommen. Dieser politische Kurs, den er an Ort und Stelle mitbekam, hatte ihn zum radikalen Gegner des Kommunismus gemacht. Mit dem Ergebnis, daß er der NSDAP beitrat und später SS-Sturmbannführer wurde.

Er machte Umzüge mit. Nachts waren sie mit Lkw-Kolonnen schon mal unterwegs. Meine Mutter lebte in ständiger Sorge. Als A. Hitler 1933 deutscher Reichskanzler wurde, war das der Beginn des 3. Reiches.

Unsere große Wohnung hatten wir aufgegeben und waren in eine wesentlich kleinere, billigere gezogen. Sparprogramm war angesagt. Irgendeine finanzielle, staatliche Unterstützung bekam mein Vater nicht, weil er auch keine wollte. Während wir hier wohnten, ereignete sich wenig Nennenswertes. Meine Schwester durfte mit dem BDM, wir waren beide Mitglied geworden, zum ersten Reichsjugendtreffen nach Potsdam fahren. Hatte Hitler ziemlich von nahem gesehen und war mächtig beeindruckt.

Meinetwegen war mal helle Aufregung. Der Sohn des Vermieters, ungefähr in meinem Alter, im gleichen Haus wohnend, hätte mir beinahe im Treppenhaus den Hals zugedrückt. Wenn nicht zufällig jemand dazugekommen wäre, hätte das für mich schlimm ausgehen können. Wollte mich zum zweiten Mal ein Engelchen holen.

Mein Vater kaufte als nächstes ein ca. zehn Morgen großes Grundstück etwas außerhalb des Ortes. Ein nacktes Stück Acker. Mit Hilfe eines Groß-Plantagenbesitzers aus dem Nachbardorf hat er die gesamte Baumbepflanzung vorgenommen und bezüglich der Bewirtschaftung die nötigen Anweisungen bekommen. Weiter mit einem ehemaligen Kriegskameraden das Häuschen gebaut und einen Brunnen ausgeschachtet. Am Tage, als das Haus schlüsselfertig war, ist sein treuer Helfer an einem Schlaganfall gestorben.

Also zogen wir wieder einmal um. Dieses Mal auf eigenen Grund und Boden. Wasser hatten wir, aber noch keinen Strom. Statt dessen eine Petroleumlampe und Hindenburglichter.

Da mein Vater ohne Baugenehmigung gebaut hatte, gab es noch Schwierigkeiten. Aber er schaffte es, nicht wieder abreißen zu müssen. Die Wohnung bestand aus zwei Zimmerchen, einem kleinen Flur und einer sehr großen Wohnküche. Anschließend ein Geräteschuppen und eine überdachte Werkstatt. Später kam noch eine Scheune dazu. Darin eine Waschküche. In einem weiteren Teil der Scheune wurde noch eine kleine 3-Zimmer-Wohnung mit Veranda ausgebaut. Aber das entwickelte sich alles erst nach und nach. Hinter dem Haus natürlich ein Plumpsklo.

Was mein Leben bei dieser ganzen Umherzieherei anbetrifft, habe ich eigentlich eine glückliche Zeit verbracht.

Ich ging zur Mittelschule, wurde Mitglied im Deutschen Turnverein, lernte schwimmen und habe in einem Freibad, dem Hirschteich, meinen Freischwimmerausweis gemacht. Schwimmen stand für mich an erster Stelle.

Im Winter war dann Schlittschuhlaufen dran. Zugefrorene Teiche gab es ja reichlich in der Umgebung. Es störte uns auch nicht, wenn die Ränder schon getaut waren. Da sprangen wir einfach drüber. Dann haben wir eine Menge Schlitten hintereinandergebunden, und damit ging's die langen Rodelbahnen oder Berghänge hinunter.

Trotzdem unsere Finanzlage, glaube ich, nicht die beste war, hat es uns ernährungsmäßig an nichts gefehlt. Ein früherer Bekannter meines Vaters, der eine Fleischfabrik besaß, schickte des öfteren ein Wurstpaket an uns. Das war natürlich sehr erfreulich.

Zum Bekanntenkreis meiner Eltern gehörte unter anderem ein Müh-lenbesitzer aus der Nachbarschaft. An einen Besuch bei ihm kann ich mich erinnern, weil das, was ich dort zu sehen bekam, nicht gerade erfreulich war. Er zeigte uns, wie eine Mastgans vollgestopft wird. Eine regelrechte Tierquälerei. Viele Jahre später, im Jahre 2001, habe ich von seinem Grundstück knapp 2000 Quadratmeter gekauft. Einen Brunnen bohren, Strom legen lassen, um mit meinem Hund dort im Wohnwagen den Sommer zu verbringen.

Einen größeren Geldverlust hatte mein Vater noch durch ein Unter-nehmen, das nicht klappte. Sein Kompagnon konnte für die dadurch entstandenen Schulden nicht mit aufkommen. Also blieben sie an ihm hängen.

Mein Vater war ein Mensch, dem man nicht damit imponieren konn-te, in unserer Klassen-orientierten Gesellschaft eine hohe Stelle in-nezuhaben. Für ihn zählte ausschließlich der Charakter. Die Dorfbe-wohner kannten ihn nur, wie er mit seinem alten, klapperigen Fahr-rad unterwegs war. Hinten einen kleinen Koffer drauf, in dem er uns immer irgend etwas mitbrachte.

Meine Schwester hatte sich inzwischen, in Richtung Sport, für die Bergsteigerei begeistert. Zweimal war ich mit von der Partie.

Eine Fahrradtour durch den Harz. Meine Schwester, eine Freundin und ich mit meinem Vollballonrad, meinem ganzen Stolz. Sonst mit allem, was dazugehört. Reifenpanne, Schlauch am Bach flicken, in Jugendherbergen übernachtet und dann, für mich das Schlimmste, die Brockenbesteigung.

Als nächstes bin ich mit ihr alleine in den Beskiden (Westkarpaten) herumgeklettert. Einen ganzen Tag durch vollkommen einsamen Wald bis zum Gipfel, der Barbia Gora, dem höchsten Berg in den Beskiden. In einer Baude dort übernachtet und ganz früh am näch-sten Morgen, bei Sonnenaufgang, eine Kammwanderung gemacht.

Es ist schwer zu beschreiben, was man dabei empfindet. Ein etwas schwacher Vergleich: Vielleicht empfinden manche Menschen etwas ähnliches, wenn sie eine Kirche betreten. Dem Allerhöchsten näher zu sein.

Dann kam wieder einmal eine Ortsveränderung auf uns zu. Landwirtschaft lag meinem Vater wohl nicht so besonders. Er nahm wieder eine Stelle im Ruhrgebiet an. Auftretendes Problem, wie die Plantage weiter bewirtschaftet werden sollte. Vater hatte sich gedacht, daß meine Mutter und Schwester, letztere inzwischen 15 Jahre alt, die Bearbeitung übernehmen sollten. Aber die weigerten sich. Er war dermaßen erbost darüber, inzwischen im Ruhrgebiet, wollte er noch einmal mündlich mit meiner Mutter die Angelegenheit besprechen. Auf die Plantage kam er aber nicht, sondern vereinbarte mit ihr ein Treffen im Wartesaal des Bahnhofs der naheliegenden Kreisstadt. Mich nahm meine Mutter mit. Also war es wohl meine Schwester, die er nicht sehen wollte. Mein Vater fuhr wieder zum Westen und wir auf die Plantage. Geregelt wurde diese Angelegenheit dann folgendermaßen: Die Plantage wurde verpachtet.

Der erste Pächter war ein Ehepaar mit zwei Töchtern. Eine Tochter wurde kurze Zeit danach ermordet im Wald aufgefunden. Verdächtigt wurde ihr Freund. Daraufhin zogen sie in eine andere Stadt.

Als nächstes kam die Witwe des Mannes, der meinem Vater beim Bau des Hauses geholfen hatte, mit drei Kindern auf die Plantage und bewirtschaftete sie so recht und schlecht. Fing dann ein Verhältnis mit dem Landpolizisten an, bekam noch einen unehelichen Sohn. Sie kaufte sich ein Häuschen in der Stadt und zog dorthin.

Der nächste und letzte Pächter war Herr Hd. mit Frau. Er hatte sich auf unsere Anzeige hin gemeldet. Er bearbeitete das Grundstück zufriedenstellend. Aber finanziell war es für uns ein Verlustgeschäft. Mein Vater kam für alle Unkosten, Sämereien usw. auf. Von dem Gewinn bekam er kaum etwas zu sehen. Herr Hd. verstand es, in seine eigene Tasche zu wirtschaften.

Die kleine Wohnung in der Scheune hatten wir so einigermaßen möbliert, und sie sollte unser Domizil für die Sommerferien sein. Seitdem die Plantage verpachtet wurde, waren wir da reingezogen. Wir hatten die größere Wohnung dem Pächter zur Verfügung gestellt.

Unser nächstes Zuhause war dann wieder im Ruhrgebiet. In Altenessen. In der gleichen Straße, in der meine Großeltern immer noch wohnten und ich zur Schule gekommen war. Dort bezogen wir die Hälfte eines Doppelhauses mit großem Garten.

Ich ging dort weiter zur Mittelschule. Der Wechsel hatte mir keine Schwierigkeiten gemacht, bis auf Fremdsprachen. In Mitteldeutschland fing man mit Englisch, im Westen mit Französisch an. Diesbezüglich mußte ich eine Menge nachholen.

Allzu begabt für Fremdsprachen war ich nicht. Mein Talent entwickelte sich auf einem anderen Gebiet. Der Malerei. Ich war der Liebling unserer Zeichenlehrerin, die meine Arbeiten in der Klasse sehr hervorhob. Vielleicht haben die vielen Ansichtskarten, die mein Vater derzeit seinen Töchtern aus Rußland geschickt hatte, und die ausschließlich Motive russischer Gemälde hatten, den Grundstein für mein Interesse an der Malerei gelegt. Sie wurde später zu meinem Lebensinhalt. Mit meiner Schwester lief es nicht so gut. Sie mußte von der Handelsschule genommen werden, ohne ihren Abschluß gemacht zu haben.

Einige wenige Erinnerungen aus dieser Zeit in Altenessen:
Mein Großvater hatte die Spielleidenschaft in mir geweckt. Wir spielten viel und gerne Mühle, Dame und 66. Was er mir beigebracht hatte. Mit meiner Mutter Besuche im Zirkus Sarasani, der in Essen einen festen Stammplatz hatte. Sehr beeindruckt hat mich der Besuch im Essener Opernhaus. Es wurde eine Märchenoper mit vielen Ballett-Szenen gegeben. Meine Begeisterung für Tanz ist bis heute geblieben und auch in meiner Malerei zum Ausdruck gekommen. Weitere Ereignisse waren die Konfirmation meiner Schwester und Anschaffung des ersten Radios, eines Volksempfängers.
Kurze Zeit danach starb mein Großvater an Herzasthma. Meine Großmutter kaufte eine Gruft mit schwarzem Marmorstein auf dem Altenessener Friedhof für 30 Jahre. Als es mir endlich nach Jahren möglich war, das Grab zu besuchen, war es nicht mehr da. Laut Friedhofsverwaltung wurde es wegen mangelnder Pflege eingeebnet. Trotzdem der Kaufvertrag noch nicht abgelaufen war.
Meine Großmutter starb auf der Plantage, Ende des 2. Weltkrieges, als so ziemlich alles drunter und drüber ging, wurde verbrannt und irgendwo anonym beerdigt.

Aber auch hier in Altenessen waren wir wieder mal nicht seßhaft geworden. Erfreulicherweise war unser neues Zuhause ebenfalls in einer Stadt im Ruhrgebiet. Sehr schöne Lage und recht komfortabel. Mein Vater wurde Betriebsführer bei einer Bergwerksgesellschaft. Wir bewohnten ein Haus, das man schon als kleine Villa bezeichnen konnte. Inmitten von Rasenflächen und einem riesigen Garten. Ein Gärtner, der alles in Ordnung hielt, wurde von der Zeche gestellt. Im Parterre befanden sich drei große, durchgehende Zimmer, eine Küche mit Vorratsraum und einem Wintergarten. Von der Zechengärtnerei wurde er wöchentlich mit frischen Pflanzen bestückt.

Oben die gleichen Räumlichkeiten plus Badezimmer. Darüber ausgebaute Zimmer für Personal. Meine Schwester und ich hatten ein wunderschönes Schlafzimmer in zartgrünem Schleiflack. Leider später auch einem Bombenangriff zum Opfer gefallen. Beheizt wurde das ganze Haus mit Dauerbrandöfen. Im Badezimmer mußte erst der riesige Wasserboiler geheizt werden, ehe man baden konnte. Aber immerhin ein Fortschritt, da wir noch in der vorherigen Wohnung in einer großen Zinkwanne in der Küche baden mußten. Unser erstes Telefon möchte ich noch erwähnen.

Mein Vater kaufte ein Auto, einen Hansa Lloyd. Uns Familienmitgliedern stand ständig eine zweispännige Kutsche zur Verfügung. Ein Anruf genügte. Ich war allerdings nicht so begeistert davon. Mit der Kutsche wurde ich zur Tanzstunde gebracht und pünktlich wieder abgeholt. Hatte dadurch also keinen eigenen Freiraum.

Eine kurze Feststellung, was Mode anbetrifft. Mein Schlußballkleid hätte, ohne zu übertreiben, wieder in das Jahr 2003 gepaßt. Ein zart geblümter, durchsichtiger Stoff, knieumspielt. Dazu hochhackige Riemchenschuhe mit hohen, spitzen Absätzen. Die Art, wie ich sie bis ins hohe Alter getragen habe.

Meine Konfirmation war eine rein überflüssige Angelegenheit. Unmittelbar danach ist unsere ganze Familie aus der Kirche ausgetreten. Nur meine Schwester ist vor ihrer Eheschließung, wegen ihres Mannes, wieder in den Schoß der Kirche zurückgekehrt.

Kontaktfreudig, wie mein Vater war, hatte er inzwischen einen recht großen Bekanntenkreis. Vornehmlich hohe SS-Offiziere kamen des öfteren ins Haus. Zum Ärger meiner Großmutter (ehemals Köchin) wurde entsprechend aufgetischt. Aber die ganze Arbeit hatte sie.

Hier möchte ich noch einmal die Hobbys meines Vaters erwähnen. Einmal eine Entenzucht auf dem Zechenteich. Nach kurzer Zeit waren alle Enten geklaut. Hinter unserem Haus war noch ein kleines Gebäude. Daraus wurde ein Schweinestall gemacht. Es wurde eine bald schlachtreife Sau gekauft, noch vier Wochen gefüttert, geschlachtet und in Eigenregie verarbeitet.

Aber alles, was ich bis jetzt berichtet habe, ging irgendwie an mir vorbei. Ich glaube, ich stand in unserer Familie immer im Abseits. Es drehte sich eben alles um meine Schwester. Es war nicht so, daß ich deswegen ärgerlich auf sie war. Ich habe sie sogar noch bewundert wegen ihres Aussehens und ihrer Redegewandtheit. Mein Vater wollte in ihr den Sohn sehen, den er gerne gehabt hätte. Tochter Nr. 2 saß zu oft über einem Buch, und da hatte er wenig Verständnis für. Ich las alles, was es in unserem riesigen Bücherschrank gab. Einschließlich der Klassiker.

Im übrigen ackerte ich mich bis zur mittleren Reife durch, nahm Gitarren- und Gesangsunterricht. Meine Schwester spielte sehr gut Klavier. Sie hatte schon in Altenessen an einem Konservatorium Unterricht bekommen. Meine Mutter wollte sicher keine Stars aus ihren Töchtern machen. Es gehörte einfach zu einer guten Erzie-

27

hung dazu. Anläßlich eines Konzertabends unserer Musikschule durfte ich ein Gitarrensolo vortragen.

Mit meiner Mutter regelmäßige Theaterbesuche. Wir hatten ein Abo. Derzeit hatte ein Theaterbesuch noch etwas sehr Festliches an sich. Die Garderobe, die ganze Atmosphäre. Auch mein Interesse für Mode war erwacht. Ich fing an, mir aus alten, ausrangierten Sachen etwas Neues zusammenzuschustern. Meine Haare auf Haarnadeln aufzudrehen, um mehr Locken zu bekommen. Ergebnis ähnlich Afro-Look. Ich kam mir jedenfalls todschick vor, während sich meine Mutter über die Frisur köstlich amüsierte.

Während dieser Zeit war meine Schwester in Weimar, in einem Imkerinnen-Bildungsheim. Dort machte sie ihren Abschluß als staatlich geprüfte Imkerin. Die Arbeit machte ihr tatsächlich Spaß, und sie hat sich später auf der Plantage auch noch lange damit beschäftigt. Ich vergaß zu erwähnen, daß mein Vater nebenbei mit der Bienenzucht bereits angefangen und hinten im Garten ein Bienenhaus hatte aufstellen lassen.

Natürlich haben wir meine Schwester mit unserem Hansa-Lloyd in Weimar besucht. Das einzige, was mir von diesem Besuch in Erinnerung ist, ist folgendes: Bei einem Spaziergang begegnete uns ein junger Mann. Normaler Straßenanzug und mit einem „Mozartzöpfchen". Für die damalige Zeit etwas total Verrücktes. Als meine Schwester wieder zu Hause war, bekam sie einen Pelzmantel und machte ihren Führerschein. Beides mußte ich mir später selber erarbeiten. Einen Pelzmantel habe ich mir zwar nie gekauft.

Ein Volkswagen, genannt „Käfer", wurde von meinem Vater bestellt. Aber dieses Modell war ein solcher Schlager geworden, daß die Lieferzeit enorm lang war. Er ist ja dann auch nicht mehr zur Auslieferung gekommen.

Kaum war meine Schwester wieder zu Hause, gab es mal einen fürchterlichen Streit. Wir bekamen Besuch von einer weit entfernten Verwandten väterlicherseits. Eine junge, attraktive Frau. Nach drei Tagen hatte meine Schwester sie schon hinausgeekelt. Es paßte ihr nicht, daß sie selbst nicht mehr im Mittelpunkt stand. Die Reaktion meines Vaters möchte ich nicht näher beschreiben. Nur daß er einen schweren Sessel gegen die Wand geworfen hat.

Der nächste Versuch mit meiner Schwester. Sie kam als Volontärin in eine Baumschule.

Ich hatte meine Schulzeit mit der mittleren Reife abgeschlossen, wollte Modezeichnerin werden und an der Folkwang-Schule in Essen studieren. Anfänglich waren meine Eltern nicht damit einverstanden. Künstler waren für sie ein zu lockeres Völkchen. Aber schließlich hatte die Schule einen sehr guten Ruf, und so waren sie

dann doch einverstanden. Ich bestand die Aufnahmeprüfung und
so begann ein neuer Abschnitt in meinem Leben.

Teil II

Ich hatte ein Vollstudium belegt. Das heißt Schule von morgens
bis abends. Wer nicht am Unterricht teilnehmen wollte, konnte es
lassen. Es lag eben alleine an dem Schüler selbst, ob er was lernen
wollte. Unser Stundenplan: Figürliches Zeichnen nach lebendem
Modell, Material-Stoffstudien, Foto, Kunstgeschichte, Schrift, Mo-
deentwurf und Freihandzeichnen draußen in der Natur.
Das heißt nun nicht, daß ich nicht auch mal den Unterricht ge-
schwänzt hätte. Mit meinen Freundinnen Inge und Anni Kinobesuche, regelmäßig Römisch-Irisch mit Massage. Nur wurden wir
nicht schlanker davon. Das, was man an Flüssigkeit mühsam aus-
geschwitzt hatte, nahm man anschließend an Trinkbarem wieder zu
sich. Aber damit war es vorbei, als die Badeanstalt bei einem Bombenangriff dem Erdboden gleichgemacht wurde. Sie lag gegenüber
einer jüdischen Synagoge. Aber das war erst ein Jahr später.

Ein einziges Mal habe ich von meinem Vater eine Ohrfeige bekommen. Ich kam etwas später als üblich nach Hause. Meine Freundin wollte sich ein paar Schuhe kaufen, und so bin ich mitgegangen. Bei dem wenig freundlichen Empfang zu Hause bin ich etwas aufmüpfig geworden. Schließlich war ich inzwischen sechzehn Jahre alt. Ich glaube, für die heutige Jugend nicht mehr vorstellbar.

Aber ansonsten habe ich mich redlich bemüht, etwas zu lernen. Eben weil mir das Zeichnen Spaß machte. In Modezeichnen hatten wir eine junge Lehrerin, unverheiratet, eigene Wohnung, die noch zusätzlich für ein Modejournal arbeitete. Genauso stellte ich mir meine Zukunft vor. Aber da kannte ich den Spruch noch nicht: „Der Mensch denkt, Gott lenkt."

Und dann trat das große Ereignis ein: Inge und ich verliebten uns. Nicht so von heute auf morgen. Es begann sich langsam zu entwickeln. Inge in Ewald, ich in Jo, der Bühnenbildner werden wollte. Wir bummelten durch die Stadt oder saßen im Folkwang-Café herum. Jo wartete morgens am Essener Hauptbahnhof auf mich, und wir gingen zusammen zur Schule, zum Rüttenscheider Rathaus. Abends wieder gemeinsam zum Bahnhof, und das war's erst mal. Wir rauchten unsere ersten Zigaretten. Eine Zigarette kostete 3 1/3 Pfennig. Eine Packung mit 3 Zigaretten 10 Pfennig.

Einen stillen Verehrer möchte ich noch erwähnen. Im 1. Semester mein ständiger Schatten. Einziger Sohn recht wohlhabender Eltern. Inhaber einer Gaststätten-Kette. Einmal nahm ich eine Einladung zum Essen an. Habe aber meine beiden Freundinnen mitgenommen. In einem Separee wurden wir aufs Köstlichste bewirtet. Im übrigen fand ich es auf die Dauer allerdings nicht gerade schön, in der Schule ständig mit ihm aufgezogen zu werden.

Um das nächste Semester belegen zu können, mußte man sich an einem Studenteneinsatz in der Landwirtschaft beteiligen. Unser erster Einsatz war in Ostpreußen. Allenstein war der Ausgangspunkt. Wir standen am Bahnhof, aufgereiht wie auf einem Sklavenmarkt. Die Bauern suchten sich irgend jemanden aus, den sie meinten gebrauchen zu können. Mit einem anderen Mädchen kam ich in ein Hotel am See. Sehr einsam gelegen. So enorm große Entfernungen

von einem Ort zum anderen hatte ich in Ostpreußen zum ersten Mal
kennengelernt. Lange war ich nicht dort. Warum weiß ich nicht so
genau. Es könnte sein, daß ich als Putz- und Küchenhilfe aus mangelnder Erfahrung ungeeignet war.

Nach zwei Tagen wurde ich von einem Oberförster mit Pferdegespann, hauptsächlichstes Verkehrsmittel dort, abgeholt. Wieder
als Hilfe für den Haushalt. Dabei war der Studenteneinsatz an sich
für die Landwirtschaft vorgesehen. Es gehörten noch zwei Söhne zur
Hausgemeinschaft. Ein großes Haus, also eine Menge Arbeit. Am
schlimmsten für mich war, wenn es Fisch gab. Ich mußte sie schuppen
und ausnehmen. Mir wurde es einfach schlecht dabei.

Mein nächstes Erlebnis war ein recht trauriges. Man forderte mich auf
mitzukommen. Spät abends, mehr schon nachts, fuhren wir in einem
leichten Jagdwagen los. Der Oberförster, sein ältester Sohn und ich.
Eine lange Zeit ging es durch einen tiefen, dunklen Wald, bis wir in
einiger Entfernung eine mondbeschienene Lichtung sahen. Auf das,
was nun folgte, war ich in keiner Weise vorbereitet. Wir hielten an. Es
herrschte Totenstille. Plötzlich sah man, wie ein Reh langsam auf die
Lichtung kam. Der Vater gab seinem Sohn einen Wink, der legte an,
ein Schuß fiel, das Reh sank in die Knie und legte sich dann ganz auf
die Seite. Ich war so entsetzt, daß ich das Folgende kaum noch richtig
mitbekam. Glückwünsche, Umarmung der beiden. Das Ganze war
wohl so eine Art Tradition, ein Meisterschuß, oder was weiß ich. Der
Sohn bekam etwas an seinen Jägerhut gesteckt als Zeichen, Prüfung
bestanden. Aber das Reh war tot. Wieder zurück in der Försterei wurde noch zum Abschluß ein Bärenfang serviert, der mir den Rest gab.
Mein Verhältnis zu den Söhnen war in Ordnung. Entsprechend unserem Alter alberten wir so rum. Dann wurde der Oberförster mir
gegenüber mehr als zudringlich. Also packte ich mein Köfferchen,
um weiterzuziehen. Gemäß der Familientradition war man ja daran
gewöhnt. Also marschierte ich los. Hoffend, daß es bis zum nächsten
Ort nicht allzu weit sein würde. Die Telefon-Nr. unseres Studenten-
führers hatte jeder bekommen. Nachdem ich ein Weilchen gewan-
dert war, kam ein Pferdegespann hinter mir her. Es war ein Gehilfe
aus der Försterei mit dem Auftrag, mich zur nächsten Ortschaft zu

bringen. Zu Fuß hätte ich die vielen Kilometer auch kaum geschafft, und noch mit Gepäck.

Meine dritte und letzte Station war ein Großbauer namens Feierabend. Ein älteres, alleinstehendes Ehepaar. Zu meinem Erstaunen befand sich Jo dort im Einsatz. Viel zu tun hatten wir nicht. Man war erfreut, etwas Abwechslung zu haben. Ich half beim Obstpflükken, Marmelade Einkochen usw. Jo ging dem Großknecht zur Hand. Abends ritt er die schweren Ackergäule, Trakener glaube ich, zur Schwemme.

Jo kam auf die Idee, ich sollte mal mitreiten. Mit Hilfe einer Leiter bin ich auf das Pferd geklettert. Konnte mich aber mit den Beinen nicht so richtig festklammern. Es hatte so ein breites Kreuz. Und dann ging es auch schon wie die wilde Jagd los. Runtergefallen bin ich nicht, aber Todesängste habe ich ausgestanden. Trotzdem hat es mächtig Spaß gemacht.

Einmal lag in der Küche ein riesiges Stück Fleisch. Daraus kamen zwei Maden gekrabbelt. Ich mußte natürlich mittags davon essen. Unnötig zu erwähnen, wie sich mir anschließend der Magen umgedreht hat.

Als unsere Zeit um war, versammelten wir uns wieder alle am Bahnhof Allenstein. Frau Feierabend hatte uns eine riesige Tasche mit Verpflegung mitgegeben. Äpfel, Birnen, gebratene Täubchen usw. Während wir so in Gruppen zusammenstanden und unsere Erlebnisse austauschten, hatte man uns den ganzen Proviant geklaut. Na ja, ausgehungerte Studenten und dazu noch im Krieg.

Gott weiß, was aus den Feierabends geworden ist, als der Russe später Ostpreußen überrollt hat. Ich hatte ihnen noch einmal geschrieben, aber keine Antwort bekommen. Wir hatten Glück, daß wir überhaupt noch aus Ostpreußen herausgekommen sind. Unser Zug war noch mit einer der letzten, der über die Grenze rollte.

Dann brach am 1.9.1939, an meinem Geburtstag, der 2. Weltkrieg aus. In unserem Schulalltag merkten wir anfänglich eigentlich wenig davon. Der Betrieb ging wie üblich weiter. Im Sommer 1940 starteten wir zu unserem zweiten Studenteneinsatz. Dieses Mal kam ich in ein kleines Dorf in der Nähe von Idar-Oberstein. Zu einem Bauern, der nebenbei noch eine Dorfschänke hatte. Tagsüber auf dem Feld ganz schön geschwitzt. Garben binden oder auf der Mähmaschine stehen und Ähnliches.

Abends habe ich mich in der Gaststätte aufgehalten. Ein wenig bedient und mit den Dorfburschen getanzt. Als junge Studentin war ich wohl der Grund, daß abends ziemlich was los war. Zwei Favoriten hatte ich. Einen jungen Burschen, der in Idar-Oberstein in einer Diamantschleiferei arbeitete. Der andere, ein großer, muskulöser Naturbursche, der schon schnell mehr wollte als nur ein Tänzchen. Merkte aber bald, daß er damit bei mir nicht weiterkam.

Mein anderer kleiner Freund hat mir mal die Sehenswürdigkeiten von Idar-Oberstein gezeigt. Sehr beeindruckt war ich von einer Ausstellung mit den tollsten Malachit-Produkten. Dafür ist der Ort ja bekannt. Im Mondschein sind wir dann Händchen in Händchen nach Hause spaziert. Recht romantisch. Zum Abschied hat er mir ein paar Diamantsplitter geschenkt. Sie sind wie viele andere Dinge im Krieg verlorengegangen.

Ende 1940 traten für meine Familie einschneidende Veränderungen ein.

Mein Vater wurde von seiner Firma fristlos entlassen. Ein Grund könnte gewesen sein, daß er aus der SS ausgetreten war, einschließlich der NSDAP. Er hatte einmal ein Konzentrationslager mit besichtigt und was er davon hielt auch offen verlauten lassen. Und zwar recht Negatives. Man hängte ihm ein Disziplinarverfahren an, das aber bis Ende des Krieges zurückgestellt wurde. Der offizielle Kündigungsgrund war natürlich ein an den Haaren herbeigezogener. Das Traurige war, daß er, nachdem er seitens der Partei und beruflich in Mißkredit geraten war, auch für seine besten Freunde nicht mehr zu sprechen war. Seine nächste Anstellung war in Jaworzno, in der Nähe von Krakau. Von uns besetztes polnisches Gebiet. Unsere gesamte Wohnungseinrichtung wurde bei einer Essener Speditionsfirma untergestellt. Das Lager befand sich direkt im Stadtzentrum. Bei einem Großangriff auf Essen brannte es total aus. Wir besaßen also nur noch die kleine Sommerwohnung auf der Plantage.

Meine Mutter und Schwester gingen mit nach Jaworzno und wohnten dort zur Miete.

Da ich mein Studium zu Ende führen wollte und auch sollte, zog ich zu meiner Großmutter väterlicherseits nach Essen. Sie hatte sich im Stadtwald ein Haus gekauft. Eine Studienkollegin aus der Bühnenklasse suchte auch gerade eine Bleibe. Meine Großmutter vermietete uns die ausgebaute Dachwohnung mit Küchenbenutzung in ihrer Parterrewohnung. Sie hielt sich viel bei ihrer Tochter Hel. in Schönerlinde bei Berlin auf dem Bauernhof auf.

Zum besseren Verständnis etwas mehr über die Familie meines Vaters. Sein Vater war sehr früh gestorben. Geschwister waren Heini, Fritz und Hele. Heini hatte eine Bäckerei und Konditorei, Fritz war ein recht lustiges Haus, seine Frau ein Putzteufel. Ein Sohn. Hele. war gelernte Krankenschwester. Als solche hatte sie die Mutter eines bekannten italienischen Filmregisseurs bis zu deren Tode gepflegt. In dieser Zeit viel in der Welt herumgekommen. Nach Ägyptenreise besuchte sie uns einmal. Ihren Nichten eine Kleinigkeit von dort mitzubringen, auf den Gedanken ist sie nicht gekommen. Es kam sowieso nicht oft vor, daß sie uns besuchte. Sie bekam dann unweigerlich mit meinem Vater Streit. Sie war auch mal auf einen Heiratsschwindler hereingefallen, den sie hinter Gitter gebracht hat. Dann nahm sie eine Stelle als Krankenpflegerin auf einem Dorf bei Berlin an. Auf einem Bauernhof. Die beiden Söhne hatten TB. Der jüngere starb bald danach. Der andere, älteren, aber neunzehn Jahre jünger als sie, wurde ihr Ehemann. Den Bauernhof hat sie dann zu einem Musterbetrieb gemacht. Inzwischen auch ihren Mann beerdigt. Vom Krieg hat sie ernährungsmäßig jedenfalls nichts gemerkt. Im Gegenteil zu ihrer Nichte, die sich derzeit in Berlin mit Lebensmittelmarken begnügen mußte. Um das Haus in Essen hat sie nach dem Tode meiner Großmutter ihre Geschwister betrogen. Sie behauptete einfach, sie hätte es gekauft. Von meiner Großmutter wußte ich aber, daß das nicht stimmte.

Unser Studium ging trotz Krieg ungehindert weiter. Ich wechselte von der Modegrafik zur allgemeinen Gebrauchsgrafik über. Dieses Gebiet war wesentlich umfangreicher und interessanter. Ich bekam Akt- und Porträtzeichnen dazu. Als ich das erste Mal den großen Aktsaal betrat, habe ich einen leicht roten Kopf bekommen, glaube ich wenigstens, und mich schnellstens auf die Rückseite des männlichen Modells begeben. Schließlich war es der erste Mann, den ich nackt zu Gesicht bekam. Es war ein Tänzer aus der Abteilung Tanz und Musik. Sehr gut gebaut.

Die späteren Modelle waren schon eher unterschiedlich und oft wirklich keine Superfiguren. Unser Lieblingsmodell war Trudi, mit der wir auch in den Pausen zusammenhockten. Als Akt war sie ideal, angezogen ein bißchen mollig. In meinem Fotoalbum habe ich noch ein Foto von dem lebensgroßen Akt, den ich von ihr gezeichnet habe.

Als nächstes wurde ich in die Meisterklasse übernommen, die dem Direktor persönlich unterstand. Sie bestand meistens aus sechs bis sieben Auserwählten. Ich war nicht wenig stolz, als der Direktor mich wegen meiner guten Selbstkritik lobte. Anläßlich einer Besprechung unserer Arbeiten. Um weiterzukommen ist Selbstkritik nun mal sehr wichtig. Aber die gibt es heute anscheinend kaum noch. Bei Kindern fängt es schon an, indem man bei ihnen normale Eigenschaften total überbewertet. Während meines Studiums bekam ich bei einem Wettbewerb für ein Theater-Emblem den 1. Preis. Ein Strumpfplakat von mir wurde in einer Fachzeitschrift veröffentlicht.

39

Der Kontakt mit meinen beiden Freundinnen verlor sich allmäh-
lich. Sie gehörten mehr zu denen, die sich aus Langeweile auf der
Schule aufhielten. Davon gab es eine ganze Menge. Zum Beispiel
eine Studentin, genannt das blonde Gift, organisierte Partys, zu denen die weiblichen Wesen im Bikini (was man damals so unter dem
Begriff verstand), aber die Jungens normal angezogen erschienen.
Sie flog dann auch von der Schule. Heute sieht man das sicherlich
anders.

Meine Mitbewohnerin Giesela und mir machte es mehr Spaß, eigenes Geld zu verdienen. Zum einen figürliches Modellstehen für Abendkurse. Ganz schön anstrengend, etwa 15 Minuten sich nicht bewegen zu dürfen. Aber es wurde eben ganz gut bezahlt. Natürlich nicht so wie Aktstehen. Dann haben wir ganze Abende gesessen und für ein Kunstgewerbe-Geschäft Kacheln bemalt. Sprüche wie: „Mach es wie die Sonnenuhr, zähl die heitren Stunden nur." Wir bekamen pro Buchstabe 2 Pfennig, Großbuchstabe 5 Pfennig, verzierte Anfangsbuchstaben 10 Pfennig.

Einmal war ich in den Sommerferien in Jaworzno bei meiner Familie zu Besuch. In Kattowitz mußte ich umsteigen. Der Bahnhof verwahrlost und unsauber. Auf den Gängen lagen armselige Gestalten rum und schliefen seelenruhig. Kein Vergleich mit einem Bahnhof im Ruhrgebiet. Eine Fahrt mit dem Autobus war damit verbunden, mindestens einen Floh mit nach Hause zu bringen.

Meine Schwester arbeitete als Justizangestellte beim örtlichen Amtsgericht. Einmal habe ich einer Gerichtsverhandlung beigewohnt. Es war recht lustig. Auf der einen Seite stand eine junge, nebenbei recht hübsche Polin, einen Säugling im Arm. Mich erstaunte, daß sie das Kind nicht von rechts nach links wiegte, sondern nach vorne und wieder zurück. Auf der anderen Seite eine Reihe Männer. Es sollte festgestellt werden, wer der Vater des Kindes wäre. Es wollte natürlich keiner gewesen sein.

Sonntags machten wir, wenn das Wetter schön war, einen Ausflug zur Weichsel. Da dort weit und breit kein Mensch zu sehen war, war das für uns ein herrlicher FKK-Strand mit Möglichkeit zum Schwimmen.

Was mir im Osten sehr gefallen hat, waren die riesigen Kachelöfen, mit denen allgemein geheizt wurde. Ungemein gemütlich. Was mir nicht gefiel, war Einkaufen. Wenn eine lange Schlange Polinnen vor der Theke stand, brauchte man als Deutsche nicht zu warten. Man wurde sofort bedient. Mir war das einfach peinlich.

Mittlerweile machte sich der Krieg auch in der Schule erschreckend bemerkbar. Es war schon ein beträchtlicher Teil Studenten zum Kriegsdienst einberufen worden und etliche sogar gefallen. Ein

41

Mädchen, mit dem ich näheren Kontakt gehabt hatte, hatte sich mit einem Sprung aus dem Fenster das Leben genommen, weil ihr Freund gefallen war. Ihre erste große Liebe, sie war erst von ganz kurzer Dauer gewesen. Eine andere Studentin aus unserer Klasse war bei einem Bombenangriff umgekommen. Der Ernst der Lage war einfach nicht mehr zu ignorieren. Jo wurde zum Arbeitsdienst eingezogen und in Frankreich eingesetzt. Von Inge der Freund war mit einer der ersten, die gefallen waren. Aber sie hatte bald wieder eine neue Liebe, die sie später auch geheiratet hat. Irgendwann wurde sie als Nachrichtenhelferin ausgebildet und auch eingesetzt. Danach habe ich Jahre nichts mehr von ihr gehört.

Anni, auf eine gute Partie aus, hat einen Tuchfabrikanten geheiratet.

Eine kleine Episode aus dieser Zeit: Ich spazierte spätnachmittags durch Essen. Jo hatte mir aus Frankreich ein Paar Netzstrümpfe mitgeschickt. Fast schwarz. Derartige Strümpfe gab es bei uns noch nicht. Dazu trug ich einen weiten, leicht getönten, lachsfarbenen Flauschmantel. Und hochhackige Pumps natürlich. Ich sah soweit ganz gut aus. Plötzlich sprach mich ein Herr an. Sehr höflich sich entschuldigend, daß er mich einfach so ansprechen würde usw.

Er wäre in der Werbebranche tätig und suche ein Modell für eine Strumpfreklame. Daß er mir ein Kompliment bezüglich meiner Beine machte, nebenbei. Naiv, wie ich war, erzählte ich, daß ich Grafik studieren würde, also auch mit Werbung zu tun hätte. So kamen wir ins Gespräch. Wir befanden uns auf der Straße, die am Opernhaus vorbeigeht, Richtung Hauptbahnhof. Links befand sich eine offene, dunkle Toreinfahrt. Er fragte, ob wir da mal hineingehen könnten, um ihm meine Beine einmal ganz zu zeigen. Irgendwie habe ich darauf vollkommen impulsiv reagiert. Ich habe meinen Rock etwas angehoben mit der Bemerkung, das würde sicher genügen. Er gab mir dann anschließend noch seine Büroanschrift. Er würde sich freuen, wenn ich ihn in den nächsten Tagen aufsuchen würde, um nähere Einzelheiten zu besprechen und natürlich Aufnahmen zu machen.

Als ich Giesela abends davon erzählte, meinte sie, an der Sache wäre was komisch. Aber der Gedanke, meine Beine auf Plakaten oder in Prospekten veröffentlicht zu sehen, reizte doch. Also machte ich mich am nächsten Tag auf den Weg zu dem Büro. Mit Giesela hatte ich ausgemacht, wenn ich in zwei Stunden nicht zurück wäre, sollte sie zur Polizei gehen. Aber das Büro gab es gar nicht.

Inzwischen hatte mein Vater seine Stellung in Jaworzno aufgegeben. Er war eingestellt worden mit der Zusage, den in absehbarer Zeit freiwerdenden Posten des Direktors zu bekommen. Aber als es so weit war, wurde diese Abmachung von seiten der Firma nicht eingehalten. Folge, mein Vater kündigte. Von Rußland, dem Land und den Menschen, war er immer begeistert gewesen. Auch die Sprache beherrschte er recht gut. Er meldete sich freiwillig zur Wehrmacht und wurde als Sonderführer im Osten eingesetzt. Meine Mutter zog in die kleine Sommerwohnung auf die Plantage. Oma Schneider hatte man bereits dort einquartiert. Meine Schwester nahm eine Bürostelle in der Bildungsverwaltung in Wilna (Litauen) an.

Im Organisieren war mein Vater ganz groß. Es war enorm, was er aus Rußland alles zu uns auf die Plantage schickte. Kanisterweise Sonnenblumenöl, Schokolade, Samoware, einen sehr schönen antiken Bücherschrank, Tischwäsche, Wandteppiche und noch vieles andere.

Schließlich hatten wir ja auch alles verloren. Mir schrieb er einmal nach Essen, ich sollte bei einer bestimmten Adresse ein Paket abholen. Einem Kriegskameraden, der in Richtung Ruhrgebiet in Urlaub fuhr, hatte er es mitgegeben. Nachdem ich die Anschrift glücklich gefunden hatte, mit der Straßenbahn mehrmals umgestiegen war, es war Sommer, sehr heiß, das Paket irre schwer, war ich froh, als ich endlich wieder zu Hause war. Aber die Hoffnung auf Schokolade und Papirossen tröstete mich. Aber es war weder das eine noch das andere in dem Paket. Einfach nur Speckseiten. Daher auch das Gewicht. Aber schließlich waren die auch nicht zu verachten. Dummerweise kamen Giesela und ich auf den Gedanken, die Schweine könnten eventuell in Rußland nicht auf Trichinen untersucht worden sein. Irgendwie hatte ich mal gehört, wenn man mit Trichinen verseuchtes Fleisch esse, würde der Kopf anschwellen. Darauf hatten wir folgendes beschlossen: Wir gaben meiner Großmutter eine Speckseite und beobachteten die nächsten vierzehn Tage, ob sich bei ihr etwas verändern würde. Da sie sehr geizig war, freute sie sich natürlich riesig. Hatten wir mal vergessen, die Milch zu bezahlen, die sie für uns mitgebracht hatte, wurden wir nach vierzehn Tagen noch an die paar Pfennige erinnert. Na ja, ihr Kopf veränderte sich jedenfalls nicht, und so konnten wir unsere Bratkartoffeln mit Speck genießen.

Meine Großmutter fuhr wieder nach Schönerlinde. Dafür kreuzte Tante Hel. plötzlich bei uns auf. Wir kamen abends nach Hause. Da saß sie in der Küche. Eine offene Pralinenschachtel vor sich. Derzeit ein ausgesprochener Luxusartikel. Seltsam, daß man solche Nebensächlichkeiten nicht vergißt. Angeboten hat sie uns allerdings keine. Als wir anfingen, unser Abendbrot vorzubereiten, fuhr sie uns an, das sollten wir gefälligst lassen. Es würde sie stören. Meine Großmutter hatte uns ja gestattet, die Küche zu benutzen. Also wurde ich auch wütend, und es gab eine von beiden Seiten lautstarke Auseinandersetzung. Man stelle sie sich vor. Sehr groß und furchterregend kräftig. Solange sie da war, haben wir uns in der Parterrewohnung nicht mehr blicken lassen. Ins Bett nahm ich sicherheitshalber den Schürhaken mit. Solche Angst hatten wir vor ihr. Plötzlich war sie einfach wieder verschwunden.

Einen kleinen Beitrag zum Krieg mußte ich auch noch leisten. Drei Studentinnen aus der Meisterklasse mußten in einem Stahlwerk Transportbänder beschriften, wie „Räder müssen rollen für den Sieg" und dergleichen. Die dicke Thea, Siegl. und ich wurden abkommandiert. Dabei erfuhr ich so nebenbei, wie ich auf andere wirke. Und das interessiert einen ja. Ein Mann mittleren Alters, von dem Werk bestimmt, uns behilflich zu sein, äußerte sich während einer Frühstückspause folgendermaßen: Thea wäre die mütterliche Frau, Siegl. die leidenschaftliche (stille Wasser gründen tief), und ich wäre die Frau, die man im Leben einfach braucht, der gute Kumpel.

Im März 1943 machte ich meine Abschlußprüfung als Grafikerin mit guten Noten. Damit war eine der schönsten und unbeschwertesten Zeiten meines Lebens zu Ende gegangen.

Teil III

Am 15.04.1943 bekam ich meine erste Anstellung als Grafikerin bei einer Firma in der Nähe von Aachen. Ein weltweites Unternehmen mit Filialen unter anderem auch in Amerika. Mein Chef K.A., nebenbei noch Schriftsteller, schon etwas älterer Jahrgang, auf Künstler getrimmt mit Schlapphut. Das erste, an das ich mich gewöhnen mußte, war, das Betreten und Verlassen der Firma ging an einer Stempeluhr vorbei. Beim Zuspätkommen wurde rot gestempelt. Die erste Zeit war meine Karte mehr rot als schwarz. Daß ich die Stelle überhaupt antreten konnte, hatte ich meinem Chef zu verdanken. Er mußte einige Beziehungen spielen lassen. Es war Vorschrift, daß alle weiblichen Wesen meines Alters ein Pflichtjahr und ein Jahr Arbeitsdienst zu leisten hatten. Beides hatte ich nicht gemacht. Aus dem BDM war ich seit langem ausgetreten und gehörte auch nicht der NSDAP an. Das militärische Gehabe der Frauen beim Arbeitsdienst fand ich fürchterlich und es lag mir absolut nicht. Noch weniger behagte mir das Pflichtjahr. Ein ganzes Jahr lang in einer kinderreichen Familie den Dreck zu fegen und so kleinen Pösters den Po abzuwischen. Zum Glück gab es auch damals schon so etwas wie „Hintertürchen", durch die man schlüpfen konnte.

Arbeitsmäßig war ich zuständig für alles, was mit Werbung zu tun hatte. Anzeigen, Prospekte, Plakate usw. Nur war so nach und nach nichts mehr da, wofür man hätte werben können. Es wurde nur noch für den Krieg produziert. Allgemeine Gebrauchsgüter kamen kaum noch in den Handel.

Ich wurde mittels eines Kurzlehrganges als technische Zeichnerin ausgebildet. Mein Arbeitsplatz verlegte sich in ein Großraum-Konstruktionsbüro hinter ein Reißbrett. Anfallende grafische Arbeiten erledigte ich noch nebenbei. Zur Zeit kamen immer wieder neue Kriegsgefangene, die im Betrieb eingesetzt und registriert werden mußten. Die Paßbilder anzufertigen war meine Aufgabe. Fotografieren, entwickeln, Abzüge machen, habe daher viel in der Dunkelkammer gearbeitet. Bei Jubiläen, Versammlungen (den Versammlungsraum mußte ich mit viel Propaganda-Material ausschmükken), Beerdigungen eines höheren Angestellten mußten ebenfalls Aufnahmen gemacht werden. Ein Lehrling schleppte dann die umfangreiche Fotoausrüstung hinter mir her.

Natürlich waren viele Betriebsangehörige zur Wehrmacht eingezogen worden. Mein Chef hatte folgende Idee: Jeden Monat sollte ein Büchlein an die Soldaten ins Feld geschickt werden, mit allem, was es in der Firma an neuen Ereignissen zu berichten gab. Mit vielen humoristischen Einlagen und Anekdoten, die er als Schriftsteller auch recht gut gestaltete. Dazu von mir Illustrationen.

Unter anderem stellte mein Chef mir mal folgende Aufgabe: Ich sollte eine Hämorrhoiden-Untersuchung beim Kommiß zeichnerisch darstellen. Trotzdem ich das Thema anfänglich recht schwierig fand, gelang es mir zufriedenstellend. Man war sogar begeistert.

Auch meine Karikaturen von Firmenangehörigen kamen gut an. Die Aachener als Rheinländer sind ja von Natur aus ein lustiger Menschenschlag und daher ausgesprochen angenehm. Besonders das Aachener Platt fand ich sehr schön, wenn ich es auch nicht verstehen konnte.

Bei einer alleinstehenden älteren Dame hatte ich ein möbliertes Zimmer bekommen. Anfangs war sie recht nett. Brachte des öfteren mal ein Stückchen Kuchen oder irgendeine leckere Kleinigkeit. Aber nicht sehr lange. Ich glaube, sie erwartete von mir, ich würde meine Freizeit bei ihr verbringen. Aber dazu hatte ich wirklich keine Lust. Mit einer Kollegin verstand ich mich sehr gut. Am Wochenende machten wir gemeinsam Ausflüge in die Umgebung, oder sie lud mich zum Essen ein. Neben meinem Zimmer wohnte ein kinderloses

Ehepaar, Familie Deust. Mit ihr saß ich oft abends zusammen. Er war weniger zugänglich. Ein etwas schwermütiger Typ. Der Grund allerdings verständlich. Als Justizangestellter mußte er bei Hinrichtungen Protokoll führen. Das schlug ihm wohl sehr aufs Gemüt. Hierdurch wurde mir erst mal bekannt, daß derzeit die Todesstrafe durchgeführt wurde. Als sie einige Zeit danach evakuiert wurden, welch Zufall, landeten sie in dem kleinen Harzort, der inzwischen das Zuhause meiner Familie geworden war.

Die einzige Freizeitbeschäftigung für mich waren Schwimmen und Kinobesuche. An Filmen wurde recht Gutes geboten. Gute Schauspieler, gute Drehbücher, gute Regisseure. Gustav Gründgens, Marianne Hoppe, Heinrich George, Emil Jannings usw.

Zu meinem Chef wäre noch zu sagen, er hatte einen Roman veröffentlicht und in einer Radiosendung daraus vorgelesen. Titel „Dasein der Liebe". Ein Exemplar mit Widmung schenkte er mir natürlich. Da es mir im Krieg abhanden kam, versuchte ich später, aus welchem Grund auch immer, es käuflich zu erwerben. Erfuhr aber, daß es gar nicht mehr verlegt wurde. Schriftstellerisch also keine Spitzenleistung. An den Inhalt kann ich mich auch gar nicht mehr erinnern.

Anläßlich einer Einladung zu ihm nach Hause lernte ich auch seine Frau kennen. Ein ausgesprochen mütterlicher Typ, die ihren Mann vergötterte, der sie fleißig betrog. Er hatte mir schon gleich zu Anfang von seiner Geliebten erzählt, seinem schwarzen Vögelchen, wie er sie nannte. Eines Tages machte er mich mit einem jungen Hobbymaler bekannt. Ausschließlich Landschaftsmalerei. Fand seine Arbeiten, die er mir stolz zu Hause vorführte, soweit recht ordentlich. Jedenfalls lud er mich ein, ein Wochenende mit ihm in seiner Blockhütte zu verbringen, um dort in der Natur zu zeichnen. Die Blockhütte lag in der Nähe der Urfttalsperre, tief im Wald, sehr schön. Das Malen hat mir auch Spaß gemacht. Nur merkte ich dann, mein Chef hatte wohl einen Hintergedanken bei der Sache gehabt. Ich glaube, er wollte mich wohl allen Ernstes verkuppeln.

Dann bekam Jo ein paar Tage Urlaub. Er war die ganze Nacht gefahren und kam morgens an. Ich gab ihm meinen Zimmerschlüssel, damit er sich in der Zeit, bis ich abends von der Arbeit kam, ausschlafen konnte. Das Ergebnis war, daß ich am nächsten 1. ausziehen mußte. Das Wasser hatte mir meine Vermieterin aus purer Gehässigkeit sofort abgesperrt. Daß Herrenbesuch nicht erlaubt war, wußte ich. Aber wir hatten uns kaum auf dem Zimmer aufgehalten, sondern waren sofort essen gegangen. Ein paar Häuser weiter bekam ich ein anderes Zimmer. Umziehen war ja für mich schon zur Gewohnheit geworden.

Wir planten für das Wochenende eine Wanderung durch die Eifel. Mit Übernachtung. Bekamen aber kein Zimmer und mußten von Monschau bis Nideggen in einer Tour durchmarschieren. Nachts wurde es schon so empfindlich kalt, daß man auch nicht allzu lange an einer Stelle sitzen bleiben und ausruhen konnte. Wenn man diese Strecke auf der Landkarte betrachtet, ist es nicht verwunderlich, daß ich noch Wochen danach rumgehumpelt bin. So eine Sehnenzerrung hatte ich mir zugezogen.

Mit Bahnreisen sah es folgendermaßen aus: Jo hatte den Rußland-feldzug mitgemacht und war verwundet worden. Er lag im Lazarett, in einem Ort im Thüringer Wald. Trotz Reiseschwierigkeiten habe ich es einmal geschafft, ihn zu besuchen. Fahrplanmäßig fuhren die Züge schon lange nicht mehr. Zu viele Bahnlinien waren bombardiert worden. Man mußte einfach zusehen, wie man weiterkam. Irgendwie kam man schließlich auch dahin, wo man hin wollte. Mal die ganze Nacht in einem Wartesaal zu verbringen, gehörte mit dazu. Um die Zeit totzuschlagen, kam ich mal mit einem Landser so ins Gespräch. Im Laufe der Unterhaltung bot er mir doch tatsächlich an, einen kleinen Spaziergang mit ihm zu machen. Er würde mir dafür auch zehn Paar Seidenstrümpfe schenken. In der Zeit damals ein sehr verlockendes Angebot. Aber ich lief selbst im Winter lieber mit Stiefeln, ohne Strümpfe rum.

Den ganzen Krieg über lebten wir von Lebensmittelmarken. Erfreulicherweise bekam ich von meiner Mutter noch zusätzlich welche geschickt. Selbst in der Werkskantine mußten Marken abgegeben werden. Jedenfalls mußte man sie sich schon gut einteilen, um damit über die Runden zu kommen. Also ging ich abends noch mal in meine Stammkneipe. Einige Gerichte gab es noch ohne Marken. Der Wirt mochte mich. Oft lag unter dem Tellerrand eine Zigarette als Überraschung.

Ich hatte im Werk viel mit der Druckerei zu tun. Trotzdem sehr hohe Strafen darauf standen, haben wir die Zigarettenmarken gefälscht. Wenn z. B. die römische IV aufgerufen wurde, wurde vor die V einfach eine I gedruckt. Etwas Bammel hatte man schon, wenn man ins Geschäft ging und die Marken einlöste.

Ansonsten kann man unsere Jugendzeit als recht trostlos bezeichnen. Der Krieg beherrschte unser Leben, Vergnügungen gab es kaum. Verdunkelung, Fliegeralarm, nur das Nötigste zu essen. In den Geschäften leere Regale. Alarm während der Arbeitszeit, die man im Luftschutzkeller verbrachte, mußte nachgeholt werden. Erfreulicherweise handelte es sich in Aachen meistens nur um feindliche Durchflüge. Daher ging man nachts bei Alarm kaum noch in den Keller. Dann war meine Zeit hier endgültig vorbei. Mein Chef rief aus Berlin an. Ich sollte sofort mein Köfferchen packen und nach dort kommen, um in einem Trickfilmatelier die Trickzeichnungen zu unserem Werbefilm zu machen, der dort in Arbeit war. Und zwar handelte es sich um einen stufenlos regelbaren Antrieb für Flugzeuge, der von einem Ingenieur unserer Firma entwickelt worden war. Wie meine Arbeit aussah zu beschreiben ist etwas schwierig. Meine Idee und Ausführung, wie sich ein kleines, stilisiertes Männchen langsam in ein ineinandergreifendes Räderwerk verwandelte. So in etwa.

Wer sich noch nie mit der Entstehung eines Trickfilms befaßt hat, kann sich nicht annähernd vorstellen, wieviel Arbeit darin steckt. Ich hatte nebenbei auch keine Ahnung davon gehabt. War dann aber restlos begeistert. In einem kleinen Vorführstudio sah man sich dann das Gezeichnete an. War die Drehung eines Zahnrades nicht fließend genug, mußten noch zusätzlich entsprechend viele Zeichnungen angefertigt und dazwischengeschoben werden. Zur Person des Leiters dieses Ateliers noch kurz: Er hatte so ein Contergan-Ärmchen. Derzeit gab es dieses Arzneimittel, glaube ich, aber noch nicht. Er hatte mir auch mal erzählt, sein erstes Kind war mit einem Wasserkopf zur Welt gekommen. Den Eltern wurde freigestellt, die Einwilligung zu geben, unmittelbar nach der Geburt das Kind töten zu lassen. Es war sicher nicht leicht, aber er hatte seine Einwilligung gegeben. Als Eltern lebt man ja auch nicht ewig. Und was soll dann aus so einem nicht normal lebensfähigen Wesen werden. Unter Umständen wird an ihm noch rumexperimentiert.

Nach Beendigung meiner Arbeit bot er mir an, als Phasenzeichnerin bei ihm anzufangen. Das ist schon eine höhere Stufe beim Trickzeichnen. Wären die Zeitumstände nicht so erschreckend gewesen, der Russe befand sich schon im Anmarsch auf Berlin, ich hätte das Angebot angenommen. Aber so war ich meiner Firma dankbar, daß sie es schaffte, mein Arbeitsverhältnis zu lösen. Ich mußte mich allerdings verpflichten, mich einem kriegswichtigen Betrieb weiterhin zur Verfügung zu stellen.

Es stand nämlich unter Strafe und wurde als Sabotage ausgelegt, wenn man ohne triftigen Grund seinen Arbeitsplatz verließ.

Aber noch mal zurück zu dem Anruf, der mich nach Berlin beorder-
te. Mein Chef hatte mir lediglich gesagt, daß ich bis zum Bahnhof
Zoo fahren und von da aus mich bei der und der Adresse melden
sollte. Ich war noch nie in Berlin gewesen und kam schon etwas
durcheinander, als wir am Zoologischen Garten hielten. Erkundigte
mich aber sicherheitshalber bei den Mitreisenden, ob es noch einen
Bahnhof Zoo gäbe. Dort angekommen stand ich erst mal recht hilf-
los auf dem Platz vor dem Bahnhof, gegenüber der Gedächtniskir-
che. Mein Blick fiel auf ein kleines Café, und so beschloß ich, bei
einer Tasse Kaffee und einer Zigarette zu überlegen, was ich weiter
anfangen sollte.

Plötzlich betraten zwei Soldaten das Café. Einer davon war Jo. Wir trauten wohl beide unseren Augen nicht. Wie erleichtert ich war, brauche ich sicher nicht zu erwähnen. Jo war auf einer Militärschule in Potsdam stationiert und wurde zum Nachrichten-Offizier ausgebildet. Es war der 19.07.1944. Einen Tag vor dem mißlungenen Attentat auf Adolf Hitler. Darum mußte Jo auch bald wieder in die Kaserne zurück. Sie standen in Bereitschaft. Was im Gange war, wußte er da noch nicht. Jedenfalls half er mir erst noch, die Adresse zu finden, bei der ich mich melden sollte. Es war der Regisseur, der unseren Werbefilm drehte. Am nächsten Tag wollte er mich zu der Filiale meiner Firma bringen. Abends tranken wir noch eine Flasche Wein. Anschließend zeigte er mir das Zimmer, wo ich schlafen konnte. Zum Glück zum Abschließen, wie ich feststellte. Schließlich war er ein Berliner, und als solcher sah er mich eben als kleines, dummes Provinzpflänzchen an.

Seit diesem Zufallstreffen in dem kleinen Café fing ich doch ernsthaft an, an Vorsehung zu glauben. Daß Jo in so einer riesigen Stadt ausgerechnet in dieses unscheinbare, winzige Café ging, konnte einfach kein Zufall sein.

Am nächsten Tag ging der Leiter unserer Filiale mit mir auf Zimmersuche, und wir fanden eins in Charlottenburg. Sehr hübsch mit winzigem Balkon. Die Straße, wenn sie auch nicht „Unter den Linden" hieß, war auch mit Linden bestückt. Man stelle sich so einen schönen Sommerabend vor. Der Lindenduft, neben mir einen kleinen Siphon mit Dunkelbier, saß ich auf dem Balkon und schrieb Briefe. Von nächtlichen Bombenangriffen abgesehen fand ich mein Leben recht schön. Leider waren hier die Fliegerangriffe nicht mehr so leicht zu nehmen wie derzeit in Aachen. Ich hatte einige Male erlebt, in einem zum Bunker erklärten Keller, wie in unmittelbarer Nähe eine Bombe einschlug. Habe es mehr als mit der Angst zu tun bekommen. Aber man konnte ja nichts dagegen machen.

Etwas Positives gab es. Die Kriminalität, wie sie heute erschreckend ist, existierte damals nicht. Wenn ich spät nachts von Potsdam kommend in der fast leeren U-Bahn fuhr und durch das vollkommen verdunkelte Berlin nach Hause ging, brauchte man keine Angst zu haben.

Einen Streit mit Jo muß ich noch erwähnen. Wir wollten ein Kabarett besuchen. Ich hatte mich entsprechend „schön" gemacht. Aus einem großen, aus Rußland stammenden Fransentuch hatte ich mir eine Bluse genäht. Im Schnellverfahren. Für den Kopf in der Mitte ein rundes Loch geschnitten. Seiten zugenäht. Nur für die Arme frei, die Fransen drangelassen. Das Ganze in ein enges, schwarzes Röckchen gestopft. Wenn es auch nicht ganz der allgemeinen Mode entsprach, ich fand es chic. Aber Jo wollte so mit mir nicht ausgehen. Und ich dachte nicht daran, etwas anderes anzuziehen. Zu guter Letzt ist er doch mitgegangen.

Schloß Sanssouci habe ich mir einmal sonntagmorgens, als noch kaum Besucher da waren, angesehen. Eine wunderschöne Erinnerung. Ich war überhaupt für „Stimmungen" sehr empfänglich. Wenn ich abends durch die Straßen spazierte, sah ich sehnsüchtig zu den erleuchteten Fenstern auf und stellte mir dahinter die Wärme und Geborgenheit vor, die mir so sehr fehlte.

Meine Großmutter war zu der Zeit in Schönerlinde bei ihrer Tochter. Also beschlossen Jo und ich, sie dort zu besuchen. Wenn ich auch mit meiner Tante im Streit auseinandergegangen war, wollte ich es trotzdem riskieren. Jo blieb vorsichtshalber erst mal draußen, und ich wagte mich alleine in die Höhle des Löwen. Meine Groß-

57

mutter freute sich auch wirklich über mein Kommen. Nachdem ich erzählt hatte, von meiner Arbeit usw., ich sprach ausschließlich mit meiner Großmutter, meine Tante saß schweigend dabei, rückte ich damit heraus, daß ich noch jemanden mitgebracht hätte. Meiner Großmutter blieb nichts anderes übrig, als zu sagen, ich sollte ihn hereinholen. Was dann folgte, war einfach nicht zu fassen. Kaum war Jo auf der Bildfläche erschienen, taute meine Tante sichtlich auf. Sie lud uns sogar ein, zum Abendessen dazubleiben, und wir sollten wieder mal vorbeikommen. Das haben wir uns natürlich nicht zweimal sagen lassen. Erstmal das gute Essen und dann steckte meine Großmutter mir, wenn es eben möglich war, Butter, Eier, Wurst usw. beim Abschied zu.

Bin auch noch einige Male alleine dort gewesen. Meine Tante konnte gut Karten legen. Mir legte sie immer dasselbe und nicht besonders Erfreuliches. Ob sie mich ärgern wollte oder ob es stimmte, wußte ich damals noch nicht. Jedenfalls hätte ich mit Männern kein Glück, würde aber einmal sehr viel Geld haben. Auf Letzteres warte ich noch. „Viel Geld" ist allerdings auch ein sehr vager Begriff. Dann machte sie noch eine Feststellung. Ich würde mich ständig kratzen. Die angeblichen Mückenstiche wollte sie sich aber doch mal ansehen. Ergebnis, es waren Wanzenstiche. Ich konnte sie nur in meinem Zimmer bekommen haben. Und das in einem der besten Stadtviertel von Berlin. Charlottenburg.

Während dieser Zeit fanden um Aachen heftige Kämpfe statt. Was aus meinem Zimmer nebst Habseligkeiten geworden ist, weiß ich nicht. Ich bin nie wieder dorthin gekommen. Um einiges tat es mir doch leid, was dadurch verlorengegangen war. Gemäß meinem schnellen Aufbruch nach Berlin hatte ich nur das Nötigste mitgenommen.

Die Plantage war nun mein nächstes Ziel. Dort blieb ich bis 1954. Eine andere Möglichkeit hatte ich ja auch nicht. Pflichtgemäß habe ich mich einer Rundfunkfirma zur Verfügung gestellt. Sie stellten Funkgeräte für die Wehrmacht her. Der Betrieb war kriegsbedingt in ein kleines Dorf in der Nähe verlagert worden. Zunächst mußte ich auf einem Chassis nach Schaltplan winzige kleine Drähte durch

Löten miteinander verbinden. Eine ziemliche Fummelei. Aber nicht lange, dann saß ich wieder am Reißbrett. Das war wenigstens nicht so stumpfsinnig. Mit zwei Kolleginnen hatte ich ein möbliertes Zimmer im Dorf. Nur am Sonntag fuhren wir nach Hause. Abends gingen wir in eine Dorfkneipe essen. Für mich einfach ungenießbar war „Pellkartoffeln mit Quarkstippe". Allgemein sehr beliebt, und so wurde ich meine Portion spielend los.

Eine von uns war ein echtes Original. Eine geborene von. Tochter eines Ritterguts-Besitzers. Wenn wir abends gemütlich auf unserem Zimmer saßen, es war tiefster Winter, und sie mußte mal, holte sie sich einen Eimer, setzte sich wieder zu uns und pinkelte munter drauflos. Ich mochte sie, weil sie so bar jeder Hemmungen war.

Daß der Krieg zu Ende ging, war wohl jedem inzwischen klar geworden. Am Eingang des Ortes hatte man auf offenem Feld eine Panzersperre gebaut. Sie sollte vom Volkssturm, bestehend aus alten Männern und ca. 12jährigen Jungens, verteidigt werden. Viele hatten noch an eine neu entwickelte Waffe geglaubt, die noch zum Einsatz kommen sollte. Aber davon hörte man nichts mehr. So sah dann das Ende des „Dritten Reiches" aus.

Zuerst herrschte erst mal ein totales Chaos. Alles löste sich auf. Meine Arbeitsstelle inbegriffen. Es begann eine Völkerwanderung von Ost nach West. Mit Handwagen, Fahrrädern und zu Fuß. Mit den letzten Habseligkeiten beladen zogen sie bei uns auf der Landstraße vorbei. Soldaten, die sich nach zu Hause durchschlagen wollten und verbotenerweise sich von ihrer Einheit entfernt hatten, haben wir auf dem Scheunenboden versteckt und übernachten lassen. Sie mit Essen und Zivilkleidung, die noch von meinem Vater da war, versorgt.

Nach dem Freitod A. Hitlers erfolgte dann die bedingungslose Kapitulation. Bis auf meinen Vater war meine Familie, notgedrungen, endlich seßhaft geworden. Das einzige, was uns geblieben war, war die Plantage. Für mich galt das allerdings nur für die nächsten neun Jahre, dann ging ich zurück ins Ruhrgebiet. Wieder ein neuer Anfang. Und es sollte noch nicht der letzte sein.

Teil IV

Ab dieser Zeit erfolgte zunächst ein schneller Ablauf der Ereignisse. Bis auf meinen Vater war meine Familie nun wieder zusammen. Dazu kam eine Einquartierung. Ein junges Ehepaar mit einem kleinen Jungen. Sie waren aus Essen evakuiert worden. Frau R. hatte in einem großen Hotel am Buffet gearbeitet. Sie war es auch, die uns erstmals „Geschäftstüchtigkeit" beibrachte. Zum Beispiel Blumensträuße nicht einfach zu verschenken, sondern zu verkaufen. Auch das muß gelernt sein. Es kamen nämlich oft Leute vorbei und baten um Blumen. Aber da meine Schwester zu viel mit Herrn R. flirtete, sorgte seine Frau dafür, anderswo unterzukommen.

Meine Schwester war folgendermaßen aus Wilna zurückgekommen: Der Rückzug unserer Truppen aus dem Osten, einschließlich der Zivilpersonen aus den von uns besetzten Gebieten, hatte begonnen. In dem chaotischen Durcheinander hatte mein Vater es tatsächlich geschafft, meine Schwester in Wilna auf dem Bahnhof ausfindig zu machen und nach Hause zu bringen. Er selbst kam in ein Lager, ganz in der Nähe. Von dort war er noch einmal bei uns zu einem Kurzurlaub. Das letzte Lebenszeichen, das wir von ihm bekamen, war ein Brief aus diesem Lager.

Wie anders hätte unser aller Leben verlaufen können. Wenn er sich nicht so öffentlich gegen das Regime gestellt hätte, hätte er weiter den Posten als Betriebsleiter behalten und ein friedliches Familienleben führen können.

2003 habe ich eine Aufnahme von dem Haus gemacht. Es sah noch genauso aus wie vor ca. sechzig Jahren. Selbst die baumbestandene Straße lag ebenso still und friedlich da wie damals.

Dann war da noch eine mysteriöse Begebenheit. Bei meiner Tante in Schönerlinde hat eines Tages ein großer Koffer, mit dem Absender meines Vaters, vor der Tür gelegen, nachdem eine Abteilung Soldaten Richtung Osten durchgezogen war. Meine Tante behauptete nun, den Koffer ungeöffnet bei der Kommandantur abgegeben zu haben. Aus Angst. Etwas Unvorstellbares bei ihr. Ich nehme eher

an, daß sie den Inhalt gebrauchen und uns darum nicht sagen konnte, ob und was vielleicht noch Näheres über seinen Verbleib darin
gestanden hätte. Als ich schon wieder im Ruhrgebiet war, soll noch
ein Brief an die Plantagenadresse aus Rußland gekommen sein, in
dem man sich nach meinem Vater erkundigte. Angeblich hat meine
Schwester geantwortet, aber nichts mehr davon gehört. Er hatte
uns auch noch gesagt, daß wir Brot trocknen und alle Wertsachen
vergraben sollten. Er ahnte wohl schon, was auf uns zukommen
würde. Jedenfalls haben wir seine Anweisung befolgt. Unter anderem auch die Bücher „Hitler, mein Kampf" und „Mythos des 20.
Jahrhunderts". Ebenfalls seinen SS-Dolch mit eingravierter Inschrift
„Meine Ehre heißt Treue". Diese drei Sachen hatten wir außerhalb
der Plantage an einem Feldweg verbuddelt, und nach Jahren wußte
keiner mehr, wo. Leider. Später wurde einiges Geld dafür geboten.
Als nächstes wurden wir für kurze Zeit amerikanische Besatzungs-
zone. Meine Schwester nahm aus irgendeinem Grund Kontakt mit
der Kommandantur auf. Warum, weiß ich nicht. Was sie gemeinsam
mit meiner Mutter beschloß, erfuhr ich meistens nicht. Leider war
ich so naiv zu glauben, daß sie schon alles richtig machen würden.
Ich nehme an, daß unser Pächter da bereits anfing, Schwierigkeiten
zu machen.
Meine Schwester wurde auch mal von den Amis zu einer Party eingeladen. Als diese dann plötzlich abrücken mußten, boten sie uns
an, sie könnten uns einen Lkw zur Verfügung stellen, womit wir uns
mit den nötigsten Sachen zum Westen absetzen könnten. Aber das
Familienoberhaupt lehnte ab.
Im April 1945 marschierten dann die Russen bei uns ein. Es war
schon ein enormer Unterschied zwischen den vollmotorisierten,
bestens ausgerüsteten Amis und der russischen Armee. Als ein
undisziplinierter, armseliger Haufen sahen wir die Soldaten an der
Plantage vorbeiziehen.

Dann eines Tages stand Jo plötzlich vor der Tür. Er hatte sich zu Fuß
von Süddeutschland zu uns durchgeschlagen. Dies ist der Punkt,
der mein Leben von Grund auf verändern sollte. Mit Jos Erscheinen

brach meine Familie mehr und mehr auseinander. Bisher hatte, für mich wenigstens, immer noch so ein Zusammengehörigkeitsgefühl bestanden. Aber das ging in der folgenden Zeit restlos verloren.

Hier möchte ich einen kurzen Überblick geben, bis ich die Plantage 1954 endgültig verließ und warum. Auf alle Gründe möchte ich allerdings nicht genauer eingehen, weil ich mich nicht daran erinnern möchte. Meine Schwester hatte es sich zur Aufgabe gemacht, mich zu provozieren, um einen Streit vom Zaun brechen zu können. Was sie auch immer wieder schaffte. Dabei wurde natürlich die ganze Familie in Mitleidenschaft gezogen. Es genügte schon die Tatsache, einen Streit anzufangen, wenn sie morgens in der Küche aufkreuzte und ich noch nicht aufgestanden war. Aber weder von Jo noch von meiner Mutter bekam ich Hilfe. Durch den ständigen Ärger bekam ich Gallensteine, verbunden mit schmerzhaften Koliken. Dazu noch eine Erkrankung der Schilddrüse. Alles das trug dazu bei, daß ich schließlich meinen letzten Rest von Selbsterhaltungstrieb zusammennahm und die Plantage endgültig verließ. Das hatte meine Schwester wohl erreichen wollen. Sie hatte schon einmal versucht, alles in ihren alleinigen Besitz zu bringen.

Eines Tages bekam ich eine Vorladung von einem Rechtsanwalt, bei ihm vorzusprechen. Ich hatte nicht die geringste Ahnung, warum. Überraschenderweise traf ich dort meine Mutter und Schwester an. Ich sollte eine Erklärung unterschreiben, daß ich auf mein Erbteil verzichten würde. Mein Vater hätte das so gewollt. Aber ich habe nicht unterschrieben. Ich weiß nur noch, daß ich mich so weit zusammennehmen konnte, um nicht schon bei dem Rechtsanwalt in Tränen auszubrechen.

Ich hätte schon Jahre früher den Schlußstrich ziehen sollen. Aber wenn Kinder da sind, ist das nicht so einfach. Zumal die Zeitumstände mehr als schwierig waren. Nachdem ich im Westen Fuß gefaßt hatte und die Kinder mit Ausreisegenehmigung holen konnte, haben sie ihre Mutter gar nicht mehr erkannt. Überflüssig zu erwähnen, was das alles für mich bedeutet hat.

Aber nun wieder zurück zu der Zeit, als die Russen einmarschiert waren. Zu den alltäglichen Ereignissen. Von Mai bis Oktober 1945 habe ich in einer großen Obstplantage als Landarbeiterin gearbeitet. Wir waren eine Kolonne von ca. zehn Frauen. Von morgens bis abends mußten wir tagelang z. B. durch Zwiebelreihen rutschen, um jedes kleinste Unkräutchen rauszuziehen. Es war eben eine Musterplantage. Nur meine Knie schmerzten entsetzlich, trotzdem ich sie dick umwickelt hatte. Dann Stachelbeeren pflücken. Auch tagelang. Total zerkratzte Arme und Kreuzschmerzen vom Säckeschleppen. Bei der Erdbeerernte war unser Motto: „Die guten ins Kröpfchen ...", bis sie uns schon an den Ohren rauskamen. Ebenfalls die Zeit, wenn Spargel gestochen wurde. Da wir jeden Abend soundso viel mit nach Hause nehmen konnten, haben wir nur noch die Spargelköpfchen gegessen. Die Russen holten sich alles in Massen ab, natürlich ohne zu bezahlen.

Mit den Männern passierte anfänglich folgendes: Per Lautsprecher wurden sie aufgefordert, sich dann und dann an einer bestimmten Stelle einzufinden. Dort wurden sie auf Lkw geladen und irgendwohin gefahren, wo sie für die Russen arbeiten mußten. Unentgeltlich natürlich. Nur verpflegt wurden sie. Anfänglich hatte man natürlich Angst, sie kämen überhaupt nicht mehr wieder. Aber meistens wurden sie nach acht Tagen wieder zurückgebracht. Ansonsten nahm Jo Gelegenheitsarbeiten an.

Kurz nach dem Einmarsch der Russen passierte folgendes: Eines Nachts sind sechs Russen bei uns eingebrochen. Meine Schwester und ich schliefen oben, über der Küche. Sie standen schon bei uns im Schlafzimmer. Aber Jo, geistesgegenwärtig, lockte sie mit einigen Flaschen Schnaps nach unten. Er hatte schnell eine Leiter ans Schlafzimmerfenster gestellt, und so sind wir mit nackten Füßen, im Nachthemd, rausgeklettert und die Plantage runtergelaufen. Zum Glück war es stockdunkel. Die Wut der Russen kann man sich vorstellen. Zum einen, weil wir verschwunden waren, und zum anderen, weil in den meisten Flaschen nur Obstsaft war. Wir hatten nämlich angefangen, das viele Obst zu versaften. Unsere Wohnung war am nächsten Morgen ein einziges Chaos. Wir hatten am Abend vorher Kirsch-Pfannekuchen gebacken. Der lag auf dem Boden zertreten zwischen ausgeleerten Schubladen, Scherben usw. Es waren aber nicht alle Russen so. Einmal kamen zwei Soldaten tagsüber und baten um Wasser. Hatten sich bedankt und uns eine ziemlich große Kugel fest gepreßten, goldgelben Tabak geschenkt. Mit Zigaretten war es nämlich recht mies. Einzige Möglichkeit, es gab Kautabak zu kaufen. Den haben wir auseinandergerollt, die Blätter gewaschen, getrocknet, und daraus Zigaretten gedreht. Manche Deutsche hatten sich unter dem Spazierstock einen Nagel angebracht und pickten damit die Kippen, die auf der Straße lagen, auf, um daraus neue Zigaretten zu drehen. Aber das war uns dann doch ein bißchen zu unhygienisch.

Am 14.07.1945 heirateten Jo und ich. Es wurde kein Ereignis, was man normalerweise in schöner Erinnerung behält. Erstmals hatte man ja kaum noch etwas anzuziehen. Ich besaß noch einen engen schwarzen Rock. Die dazugehörige schwarze Bluse hatte ich bereits als Unterlage in ein Katzenkörbchen gelegt. Da ich einfach nichts anderes besaß, habe ich sie gewaschen, um dem Anlaß entsprechend etwas feierlich auszusehen. Jo hatte sich von irgend jemandem einen Anzug geliehen. Grün meliert. Arme und Beine etwas zu kurz. Aber wir nahmen es mit Humor. Trauzeugen waren meine Mutter und Schwester. Frau HM., unsere ehemalige Pächterin, hatten wir zu einem Gläschen Wein eingeladen. Kurz der Verlauf des Abends. Meine Schwester, schlecht gelaunt, fing wieder Streit an, ohne Rücksicht auf unseren Gast.

Unser Pächter sah nun seine Chance gekommen, sich unsere Plantage anzueignen. Er denunzierte uns. An entsprechender Stelle meldete er, daß mein Vater SS-Sturmbannführer gewesen wäre. Viele versuchten, auf diese Weise den Besitz anderer an sich zu bringen. Wir wurden daraufhin enteignet. Und das sah so aus: So nach und nach holte man uns alles weg, was mehr oder weniger Wert hatte. Natürlich mit Berechtigungsschein. Auch mein Ballonrad. Es hatte auch den Anschein, daß etwas ganz Bestimmtes gesucht wurde. Sie krochen unter die Betten und in allen Ecken rum. Ich nehme an, unser Pächter hatte sie auf Schmuck aufmerksam gemacht. Aber den hatten wir ja zum Glück vergraben.

Dann bekamen wir den Bescheid, die Plantage innerhalb von 24 Stunden zu verlassen. Unsere Rettung war unsere ehemalige Pächterin. In dem Häuschen, das sie sich nach Verlassen der Plantage gekauft hatte, stellte sie uns 1 ½ Zimmer zur Verfügung. Unser Umzug erfolgte mit einem Handwagen. War nicht sehr viel, was wir mitnehmen konnten. Ihre Bienenvölker wollte meine Schwester aber auf keinen Fall dalassen. Sie durfte sie bei Fr. HM. im Garten aufstellen. Wir packten die Bienenkästen auf unseren zweirädrigen Karren und fuhren los. Kaum auf der Landstraße, lösten sich die zugestopften Löcher, und die durch die Rüttelei wild gewordenen Bienen stürzten sich auf uns. Jo erwischte es am schlimmsten. Er wollte die Deichsel nicht loslassen, sonst wären die ganzen Kästen runtergerutscht. Meine Schwester und ich zurück zur Plantage, Eimer Wasser geholt und damit den Rest der Bienen gerettet. Rheumatismus hat Jo jedenfalls nicht mehr bekommen und so nach und nach sah er auch wieder normal aus.

Etwa für die nächsten fünf Jahre sah unsere Wohnung nun folgendermaßen aus: 1 Raum mit 2 kleinen Fenstern, 1 Kohleherd, 1 schmaler Küchenschrank, 1 altes Liegesofa, 1 Tisch mit 4 Stühlen. Alles von Frau HM. Daneben noch ein winziger Raum mit einem normalen Bett und Platz für ein Kinderbettchen. Auf dem Flur noch ein Kleiderschrank und eine Ablage zum Spülen. Aus einfachen Brettern hatte Jo einen provisorischen Tisch zusammengenagelt. Für meine Schwester ein Bett auf dem Dachboden. Mutter schlief in der Küche. Plumpsklo weit hinten auf dem Hof.

Mit einem anderen Grafiker, den ich durch seine schwangere Frau kennenlernte, haben wir ein grafisches Atelier, „Die Palette", eröffnet. Aber wir hatten keinen Erfolg damit. Inzwischen war ich auch in anderen Umständen. Ich beschränkte meine Tätigkeit nur noch auf das Malen kleiner Kinderbildchen, die meine Schwester in Kunstgewerbegeschäften an den Mann brachte. Selbst in einer größeren Stadt in der Nähe hatten wir feste Abnehmer. Auch an Ausstellungen beteiligte ich mich schon mal mit Sepia-Zeichnungen und konnte ab und zu etwas verkaufen. Die restliche Zeit war ausgefüllt mit hausfraulicher Tätigkeit.

Um unsere Wohnverhältnisse etwas zu verbessern, mieteten wir für
meine Schwester ein möbliertes Zimmer. Ein paar Straßen weiter. Jo
und ich stellten unser Bett auf dem Dachboden auf. Direkt an der
Giebelwand. Dadurch konnte meine Mutter mit dem zu erwarten-
den Kind in dem kleinen Zimmerchen schlafen.

Eines Nachts, es war sehr stürmisch draußen, stürzte ein Teil der Giebelwand ein. Durch ein großes Loch konnten wir auf die Straße sehen. Ich schätze, man glaubt mir das nicht. Aber es ist wirklich so passiert. Das Loch wurde wieder zugemauert, und damit hatte es sich. Zum Glück hatte ich auch nie vor Mäusen Angst. Es kam schon mal vor, daß eine über die Bettdecke huschte.

Meine Kinder habe ich aber in einem privaten Entbindungsheim zur Welt gebracht. Am 06.06.1946 erblickte mein Sohn Jür. das Licht der Welt. In einem Meer von Rosen. Einen Tag vor mir hatte eine Frau, die zur Prominenz des Ortes gehörte, ebenfalls einen Jungen bekommen. Ihnen gehörten eine Marmeladenfabrik und diverse Geschäfte. Daher die Blumenpracht. Der Junge war aber, trotz Kindermädchen, nach ein paar Wochen tot. Angeblich erstickt.

Jos erster Besuch war natürlich in Begleitung meiner Schwester. Nichtsdestotrotz war ich glücklich, wie jede Mutter, die ihr erstes Kind zur Welt gebracht hat.

Der erste Abend, es war ein wunderschöner Sommerabend, die Fenster weit offen, ging eine Gruppe Jugendlicher vorbei und sang „Wenn auf Capri die rote Sonne im Meer versinkt". Im Augenblick der Schlager.

Wieder zu Hause, erkrankte Jür. einige Zeit später an Hilusdrüsen-TB. Nach dem Hausbesuch der Ärztin wurde er ins Krankenhaus eingewiesen. Unsere Wohnverhältnisse müssen auf sie wohl keinen guten Eindruck gemacht haben. Laut Ärztin sollte er viel Butter bekommen. Meine Schwester ist daraufhin öfter schwarz über die Grenze gegangen. In den amerikanischen Sektor, um gegen Seidenstrümpfe Lebensmittel, vor allem Butter, einzutauschen. Die Seidenstrümpfe kamen aus Chemnitz, es gab dort Fabriken und daher schon mal käuflich welche zu erwerben. Man konnte beim Grenzübergang natürlich erwischt werden und mußte sie daher sehr gut verstecken.

Die Ernährungslage war auch noch lange nach dem Krieg sehr schlecht. Eine Schnitte Brot, etwas Margarine und Marmelade darübergekratzt, schmeckte uns wie Kuchen. Selbstgemachte Majoran-Leberwurst, Freibank- und Pferdefleisch, Wurstsuppe, für die man noch in einer langen Schlange mit einer Milchkanne anstehen mußte. Unter Freibankfleisch verstand man Fleisch von Tieren, die nicht geschlachtet, sondern anders zu Tode gekommen waren. Figürliche Probleme hatte man jedenfalls nicht.

Bevor Jür. ein Jahr alt wurde, hatte ich mir einen Schenkelhalsbruch zugezogen. Im Winter, es war schon dunkel, auf dem Wege von einer Wohnung in die andere (ich mußte beide Wohnungen sauberhalten), die Straße vereist, Hände tief in den Manteltaschen, rutschte ich aus, und da war es passiert. Habe lange im Krankenhaus gelegen, und bis ich wieder richtig laufen konnte, recht schmerzhaft.

Was Jür. anbetrifft, war er wirklich ein liebes Kerlchen. Nur einmal nachts hat er fürchterlich geschrien. Im Gegenteil zu sonst. Meistens machte er den Mund schon wieder zu, ehe ein Ton herausgekommen war. Aber dieses Mal hörte er nicht auf zu schreien, bis wir schließlich den Grund fanden: Die Windel war mit einer Sicherheitsnadel festgemacht. Sie war aufgegangen und stach ihn in seinen kleinen Po. Mit Laufen und Sprechen hat er auch erst spät angefangen. Ein Bein unter dem Po rutschte er recht flink durch die Küche. Als er dann endlich auf seinen Beinchen stand, war er zufrieden, wenn er auf der Fensterbank stehen und nach draußen sehen konnte. Besonders abends, wenn im Dunkel die Autos vorbeifuhren. Sein Kommentar dann: „Auto Popo Lit."

Babysachen gab es, wie alles, nur ab und zu, auf Bezugschein. Ebenfalls mit Schlangestehen. Also habe ich aus alten Nachthemden Hemdchen und Strampelhöschen genäht. Durch die harten Nähte wurde die Haut stellenweise wundgescheuert. Aber auch das hat er geduldig ertragen. Später, als er schon laufen konnte (mit seinen blonden Löckchen sah er wie ein Engelchen aus), ist er mit seinem Freund zum Bahnhof gegangen, um dessen Mutter abzuholen. Dort ist er auf die Gepäckablage geklettert, runtergefallen und hat sich das Handgelenk gebrochen. Als er nach Hause kam, wir schon in Sorge, wollte Jo mit ihm schimpfen und faßte ausgerechnet das gebrochene Handgelenk an. Jür. zuckte zusammen, und da merkten wir erst, was passiert war. Das Ärmchen wurde geschient und heilte relativ schnell.

Als nächstes hatte ich mich auf die Produktion von Lampenschirmen verlegt. Das wurde zunächst ein Erfolg. Steh-, Nachttisch-, aber auch Deckenlampen. Nach eigenen Entwürfen, aus Igelit. Einem sehr stabilen Kunststoff. In erhitztem Zustand konnte er nach Wunsch geformt werden. Die Drahtgestelle ließ ich ebenfalls nach meinen Angaben anfertigen. Die fertigen Schirme habe ich dann noch mit Nitrolack bemalt. Der Lack wurde mit dem Mund in ein Glasröhrchen hochgezogen und damit mußte man dann schnell arbeiten, ehe der Lack trocken wurde.

Da wir ein kleiner, privater Gewerbebetrieb waren (meine Schwester kümmerte sich um den Verkauf), inzwischen aber alles verstaatlicht wurde, wir kein Material mehr bekamen, meldeten wir unser Gewerbe ab. Diese Zeit von 11.1945 bis 01.1949 ist bei meiner Rentenversicherung nicht berücksichtigt worden. Meine Schwester behauptete, darüber keine Unterlagen mehr zu haben. Als ich 1954 die Plantage verließ, hatte ich in meinem depressiven Zustand nun wirklich nicht an Rentenunterlagen gedacht.

Während dieser Zeit versuchte Jo im Westen einen neuen Anfang zu starten. Mit Hilfe seines Schwagers übernahm er eine Ziegelei im westfälischen Raum. Im Alleingang. Zur Ziegelei gehörte eine kleine Hütte, in der er hauste. Einmal habe ich ihn mit Jür. dort besucht. Vierzehn Tage lang habe ich roh gepreßte Ziegelsteine zum Brennen an den Ofen gekarrt, während Jo auf dem Ofen stand und die Temperatur regulierte. Ich war froh, als ich wieder zu Hause war, da auch die Reisebedingungen keine reine Freude waren. 1947 war Deutschland geteilt worden. In West und Ost. BRD und DDR. Um von Ost nach West zu kommen, benötigte man eine Ausreisegenehmigung, die Wochen vorher beantragt werden mußte. Also versuchte man zu Fuß schwarz über die Grenze zu kommen. Wegen Jür. hatte ich mir ein Fahrrad im Zug mitgenommen. Jür. setzte ich auf die gut gepolsterte Stange des Rades. Aber trotzdem jammerte er, weil ihm der Po wehtat. Der Weg führte durch einsamen Wald. Als plötzlich ein Russe vor uns stand, habe ich mich doch ganz schön erschrocken. Er ließ uns aber ohne Schwierigkeiten weiterziehen. Meinen Lieblingsring, den ich bis zu dem Tage nie vom Finger getan hatte, habe ich bei diesem Grenzgang verloren. Ein schmaler Goldreif, in der Mitte ein Opal (Tränenstein), rechts und links eine Perle. Sicherheitshalber hatte ich ihn in die Manteltasche gesteckt. Er war einfach weg. An manchen Dingen hängt man eben sehr. Er war für mich das letzte Stück „Vergangenheit" gewesen.

Am 27.04.1949 wurde meine Tochter geboren. Auch wieder in dem Entbindungsheim. Jo und meine Schwester hielten sich zu der Zeit im Westen auf. Meine Schwester kam dann nach Hause und blieb erst mal da. Jo kam kurz besuchsweise. Die Gehässigkeit meiner Schwester mir gegenüber nahm langsam extreme Formen an.

Da meine Mutter recht liebevoll die Kinder versorgte, fing ich knapp zwei Monate nach der Entbindung eine Schneiderlehre an. So brauchte ich wenigstens tagsüber nicht zu Hause zu sein. Als Umschülerin konnte ich mit einer verkürzten Lehrzeit meine Gesellenprüfung machen. Anfangs ging ich in der Mittagspause noch schnell nach Hause, um mein Kind zu stillen. Laut Arzt war Muttermilch damals noch das Beste, was man einem Kind geben konnte. Eigentlich war ich trotz allem irgendwie glücklich. Vollkommen ausgefüllt mit meiner Arbeit und den Kindern, ließ mich alles andere ertragen. Der Kinderwagen, den wir bei Jür. auf Bezugschein bekommen hatten, mußte wieder zurechtgemacht werden. Was nicht ganz einfach war. Er war inzwischen zum Transport von Kartoffeln und dergleichen benutzt worden. Im übrigen mußte man ständig hinter einem Rad herlaufen, das sich selbständig gemacht hatte. Aber mit Rüschen und allem sah er dann wieder recht schmuck aus. In meiner Freizeit habe ich für meine Kinder Kniestrümpfe und Windelhöschen gestrickt. Jo hatte von einem Besuch bei seiner Schwester, wohnhaft an der holländischen Grenze, eine Menge Spulen mit Baumwollgarn mitgebracht.

Die üblichen Kinderkrankheiten hatten meine beiden natürlich auch durchzumachen. Angesteckt hatten sie mich mit Ziegenpeter. Ute hatte mal ihr Ärmchen ausgekugelt. Merkte ich daran, daß es so schlaff herunterhing. Wurde vom Arzt wieder eingekugelt und hatte weiter keine Folgen.

Ganz plötzlich kam meine Tante aus Berlin zu Besuch. Gott sei Dank nur für zwei Tage. Mir machte sie erst mal Vorwürfe darüber, unter solchen Umständen zwei Kinder in die Welt gesetzt zu haben. Dann wollte sie erst nicht in dem kleinen Zimmerchen schlafen, weil sie Angst hatte, bei ihrem Gewicht eine Etage tiefer zu landen. Das Haus war aber auch wirklich abbruchreif. Als ich 2003 mal wieder nach dort gekommen bin, war ich wirklich erstaunt, daß es immer noch stand. Mit einem kleinen Anbau war es sogar noch erweitert und frisch verputzt worden.

Am 31.08.1950 machte ich meine Gesellenprüfung als Damenschneiderin. Als nächstes fing ich an, unsere Garderobe ein wenig aufzubessern. Ab und zu gab es schon mal ein Stöffchen zu kaufen. Trotzdem es meine Schwester wirklich nicht verdiente, machte es mir Spaß, auch für sie nach eigenen Ideen was Hübsches zu nähen, derzeit hatte sie noch ein beneidenswertes Figürchen.

Nach fünf Jahren war dann endlich die Zeit in der Behelfswohnung vorbei. Jo war auch wieder zurückgekommen. Mit der Ziegelei hatte es nicht geklappt. Wir hatten einen Antrag gestellt auf Rückgabe unseres Grundstückes. Mußten eine eidesstattliche Erklärung abgeben, daß mein Vater tot wäre. Wir haben den Eid geleistet und bekamen das Grundstück zurück. Unser Pächter verschwand von der Bildfläche.

Von nun an begann für uns Schwerstarbeit. Wir waren ein landwirtschaftlicher Betrieb, der mit einem Ablieferungssoll belegt wurde. Im Frühjahr kam ein dafür zuständiger Sachbearbeiter, besah sich alles und legte dann fest, was und wieviel wir jeweils von allem abzuliefern hatten. Obst, Gemüse, Fleisch usw. Die Frühjahrsbestellung fing damit an, daß zunächst der ganze Acker umgepflügt wurde. Bis auf die vier Baumreihen. Jede ca. 340 Meter lang. Die mußten mit dem Spaten umgegraben werden. Beim Pflügen hätten die Wurzeln der Bäume zu leicht beschädigt werden können. Beim Graben nahm man eine alte Konservendose mit. Die Engerlinge wurden darin gesammelt, für die Hühner und um eine Maikäferplage zu vermeiden. Es waren kleine, weiche, eklige Dinger. Anfänglich drehte sich mir immer der Magen um, wenn ich sie anfaßte. Dann wurde gesät.

Jedes Stückchen Land für Unterkulturen ausgenutzt. Radieschen, Zwiebeln usw. mußten noch zusätzlich verzogen und gebündelt werden. Diese Produkte wurden dann in aller Herrgottsfrühe zur Sammelstelle gebracht.

Dann das ganze Viehzeug versorgen. Schweine, Ziegen und jede Menge Kleinvieh. Ich lernte notgedrungen Ziegen melken. Das erste Mal klappte es absolut nicht. Habe es aber schließlich doch in den Griff bekommen. Die Kaninchen, die ebenfalls in dem Stall untergebracht waren, mußten ausquartiert werden, nachdem die Ziegen ihnen die Schwänzchen abgetreten hatten.

Nur bei der Schattenmorellenernte hatten wir Hilfe. Sobald die Früchte reif waren, mußten sie schnellstens geerntet werden, sonst verloren sie zuviel an Saft. Danach kamen sie sofort in eine Marmeladenfabrik. Die Aushilfskräfte arbeiteten nicht für Geld, sondern für Obst.

Es handelte sich um ca. 90 Bäumchen/Halbstamm. Die Ernte der anderen Obstsorten, Süßkirschen, Pflaumen, Äpfel, Birnen, verteilte sich über den ganzen Sommer. Der Ertrag der Ernte war sehr von der Witterung abhängig. Dementsprechend der Verdienst. Im ganzen schon eine enorme Plackerei. Am schlimmsten waren ja die Unterkulturen, weil sie unkrautfrei gehalten werden mußten. Waren wir mit Hacken bis unten angekommen, fingen wir oben wieder an. Aber irgendwie schafften wir es.

Um etwas mehr Geld für unsere Produkte zu bekommen, als was von der Sammelstelle bezahlt wurde, hatte Jo im Ort eine alte Garage gemietet und verkaufte dort Obst, Gemüse und Kartoffeln. Fallobst wurde vermostet. Es kam also nichts um. Eingemacht wurde en gros. Alles in Büchsen. Wir waren inzwischen in den Besitz einer Büchsen-Zudrückmaschine gekommen. Dann hatten wir noch eine Räucherkammer und einen sehr guten Hausschlachter. Ich muß ehrlich gestehen, so gut schmeckende Wurst habe ich später nie wieder gegessen. Nur an eins konnte ich mich nicht gewöhnen. Wenn Schlachttag war, die Schweine, die man von klein an großgezogen hatte, laut quiekend aus dem Stall geholt wurden, die toten Tiere dann draußen zum Auskühlen auf der Leiter hingen, die Metzger sich von dem noch warmen Fleisch Mett für ihr erstes Frühstück machten, war das einfach fürchterlich für mich. Die ersten Wochen konnte ich jedenfalls nichts davon essen.

Besonders ein Schweinchen hatte ich ins Herz geschlossen. Es hatte als kleines Ferkelchen einen Bruch am Bauch bekommen. Der Arzt sagte, ich solle einen Knopf darauf legen und eine Binde darumwikkeln. Aber die Binde rutschte immer weg. Also habe ich ihm ein enges, kurzes Höschen genäht, und das hielt. Aber da es ja ständig größer und dicker wurde, mußte ich noch ein paarmal ein neues Höschen nähen, bis der Bruch geheilt war. Ich wäre glücklich gewesen, es wäre normal gestorben und nicht geschlachtet worden.

Erwähnenswert wäre noch „Kleopatra", eine große Gans. Besser als jeder Wachhund. Wenn sie mit ausgebreiteten Schwingen laut kreischend auf einen zugerast kam, konnte man sich schon fürchten. Und Fremde mochte sie gar nicht, einschließlich den Postboten. Meine Mutter bekam mal aus Versehen einen Flügelschlag ans Bein. Ergebnis: ein riesiger Bluterguß.

Aber da ich einmal dabei bin, möchte ich auch noch von einer Katze berichten. Katzen hatten wir eine reichliche Anzahl. Schon wegen der Mäuse notwendig. Aber eine war besonders anhänglich. Wenn wir mit dem Handwagen losfuhren, war sie sofort zur Stelle. Sie lief neben uns her, egal wie weit, und wenn ihre Zunge noch so lang heraushing. Eines Morgens saß sie vor unserer Tür, das Köpfchen voller Schrotkugeln. Wir haben sie gepflegt, bis so nach und nach die Kügelchen wieder herausgeeitert waren. Sie kam tatsächlich wieder in Ordnung. Es ist anzunehmen, nachts bei Mondschein saß sie auf freiem Feld vor einem Mauseloch. Irgend jemand dachte, es wäre ein Hase, und hat auf sie geschossen. Eine Weile war sie noch bei uns. Dann ist sie in eine Mähmaschine geraten. Drei Pfötchen hingen nur noch so dran, und trotzdem hatte sie sich noch nach Hause geschleppt. Wir mußten sie töten.

Eine letzte kleine Tiergeschichte. Ein junges Entenküken wurde von Jür. umgebracht. Mit einem langen Stock hatte er sich schnell im Kreis gedreht, und da ist es hineingeraten. Dafür konnte Jür. ja nichts. Jo war nicht der Ansicht und hat nicht zu Gunsten seines Sprößlings reagiert.

Noch etwas zu unserem Ernährungs-Programm: Im Herbst Rüben-kraut kochen und Hamsterfleisch verarbeiten. Die Rübenpresse mußte man früh genug bestellen. Leihweise für ein paar Tage. Sie ging von Gehöft zu Gehöft. Wir mußten natürlich auch Lehrgeld zahlen, bis wir erstklassiges Rübenkraut zustande brachten. Wich-tig war der Zeitpunkt, wann das Feuer unter dem Kessel gelöscht werden mußte. Andernfalls wurde der Sirup zu dunkel und bekam einen etwas bitteren Geschmack. Nebenbei. Die Rüben hatten wir uns von den Nachbarfeldern geklaut.

Wenn im Herbst der Hamsterfänger über die abgeernteten Kornfel-der ging, kauften wir immer reichlich Tierchen von ihm. Das Fleisch war sehr zart und schmeckte wirklich gut. Nur für meine Mutter viel Arbeit. Die kleinen Viecher zu braten, das Fleisch abzusuchen und ein schmackhaftes Gericht daraus zu machen. Wenn wir auch Selbstversorger waren, war es nicht allzuviel, was übrigblieb, wenn man sein Soll erfüllt hatte. Darum nutzte man alles aus, was die Ernährung verbessern konnte. Viele schlachteten einfach schwarz. Aber das trauten wir uns nicht. Ein einziges Mal hat Jo eine Ziege heimlich geschlachtet. Aber das wurde ein entsetzliches Drama, bis sie endlich hinüber war. Dann ging ich schon lieber Ähren stoppeln, damit wir genügend Hühner halten konnten: Die ließen sich leich-ter schlachten.

Etwas, was das Wesen meines Sohnes betrifft, möchte ich noch erzählen. Kurz vor Weihnachten hatten wir im Ort einige Kleinig-
keiten für die Feiertage eingekauft. Jür. saß gut verpackt auf dem
Schlitten, den wir hinter uns herzogen. Um den ganzen Weg laufen
zu können, war er noch zu klein. Der Mond beschien die schöne
Schneelandschaft, als wir so ins Gespräch vertieft über die einsame
Landstraße zogen. Recht romantisch. Auf einmal merkten wir, daß
Jür. gar nicht mehr auf dem Schlitten saß. Er war runtergerutscht,
hatte keinen Ton von sich gegeben und saß schon ein beachtliches
Stück zurück – todzufrieden auf der einsamen Landstraße. Er war
auch später im Leben ein ausgesprochen geduldiger Mensch.

Inzwischen wuchsen die Kinder frei und unbeschwert, vor allem ge-
sund auf. Winter wie Sommer gleich schön. Im Winter waren wir
total eingeschneit. Morgens mußte erst ein Weg zur Straße freige-
schaufelt werden. In die Stadt konnte man erst, wenn der Schnee-
pflug die Landstraße freigemacht hatte. Als Jür. etwas größer war,
hatten wir ihm aus Tonnenbrettern Skier gebastelt, bis er dann rich-
tige bekam. Aber sein sportlicher Ehrgeiz hielt sich in Grenzen. Er
kletterte lieber auf Bäumen und Dächern herum.
Einen kleinen Schäferhund hatten wir uns angeschafft. Er hielt
sich erst mal nur in der Küche auf. Aber da mußte ich energisch
durchgreifen, damit er nach draußen umquartiert wurde. Zumal der
Tierarzt sagte, für die Entwicklung des Hundes wäre es besser, ihn
im Freien großzuziehen. Ute, die inzwischen rumkrabbelte, stopfte
sich nämlich alles in den Mund, egal ob es aus dem Hundenapf oder
sonst was war.

Als sie später draußen rumlief, hat sie mit Vorliebe grüne, unreife Tomaten verspeist. Wenn sie nirgendwo zu sehen war, war sie garantiert in der Hundehütte. Ansonsten war sie ein kleines Energiebündel. In dem alten Sportwagen fuhr sie ihren Bruder, der kaum noch hineinpaßte, dem es aber sichtlich gefiel, durch die Gegend. Bis sie jeder einen Roller bekamen. Jür. einen aus dem Westen, Ute einen entschieden primitiveren Ostzonenroller. Während Jürgen auf seinen Roller mächtig stolz war, war er weniger begeistert über die abgelegten Klamotten, die man uns von der Verwandtschaft aus dem Westen zukommen ließ. Besonders eine Lederhose haßte er förmlich.

Heute kommt es mir eigentlich erst richtig zum Bewußtsein, was es bedeutet hat, erst für Jür., dann für Ute, jeden Tag mit ihren kleinen Beinchen zwei Kilometer zur Schule hin und wieder zurück laufen zu müssen. Aber ich glaube, geschadet hat es ihnen nicht. Besonders Jür. hat es wohl nicht allzuviel ausgemacht. Wenn er keine Lust mehr hatte zu laufen, setzte er sich an der Straße unter einen Baum und ruhte sich aus. Während die ganze Familie zu Hause vor Sorge umkam und alle auf Suche gingen. Dann fing er an, alles, was er unterwegs fand, alte Fahrradschläuche und dergleichen, mit nach Hause zu schleppen. Platz war ja genug auf der Plantage.

Das nächste große Ereignis, wir konnten elektrischen Strom legen lassen. Es war tiefster Winter, kann ich mich erinnern, weil die Elektriker Schwierigkeiten hatten, an den vereisten Masten hochzukommen. Einen Schock bekamen wir allerdings, als zum ersten Mal unsere Behausung in strahlendes Licht getaucht wurde. Da wir bis dahin nur eine Petroleumlampe und Hindenburglichter gehabt hatten, ist es nicht schwer, sich vorzustellen, wie schwarz verräuchert alles war.

Was ich nun gerne ein wenig mehr zur Verfügung gehabt hätte, war Geld, um die Wohnung durch kleine Anschaffungen etwas netter zu gestalten. Also suchte ich mir eine Stelle als Schneidergesellin in einer Herrenschneiderei in der nächsten Kreisstadt. Morgens in aller Frühe bei Wind und Wetter mit dem Fahrrad zum Bahnhof, um pünktlich auf der Arbeitsstelle zu sein. Wochenende und abends trotzdem noch Ackerarbeit. Leider bekam ich nach der Probezeit die Kündigung. Im übrigen das einzige Mal in meiner beruflichen Laufbahn, daß ich meiner Arbeit nicht gerecht wurde. Damen- und Herrenschneiderei ist schon ein gewaltiger Unterschied. Aber ich versuchte es trotzdem noch einmal und konnte vier Monate in einer anderen Herrenschneiderei arbeiten. Ich habe dort viel gelernt. Vor allem Mäntel und Kostüme zu nähen.

Ich blieb nun zu Hause, fing an, schwarz zu nähen. Baute mir einen kleinen, festen Kundenkreis auf. Es machte mir echt Spaß, andere modisch zu beraten und anzuziehen. Meine Schwester hatte es inzwischen geschafft, nach einigen Versuchen, zu heiraten. Der Auserwählte war gelernter Gärtner und Imker. Sie zog mit ihm in die kleine Sommerwohnung. Zur Hochzeit waren wir natürlich nicht eingeladen. Mittlerweile war es so weit gekommen, daß meine Mutter mit mir auch kaum noch sprach. Trotzdem sie mit uns in einem Haushalt lebte. Aber diese letzten Tage auf der Plantage sind mir nur noch schemenhaft in Erinnerung. Als ich dann die Plantage endgültig verließ, hat meine Mutter mich dann doch zum Bahnhof begleitet. Sie hat wohl geahnt, daß wir uns das letzte Mal sehen würden. Kurze Zeit später ist sie an einer Blinddarmoperation gestorben (Embolie). Zur Urnenbeisetzung war ich noch mal dort.

Richtig betrachtet hatte ich ganze neun Jahre gearbeitet, man kann schon sagen, geschuftet, dazu noch den ständigen Ärger erduldet, und nun stand ich mit leeren Händen da. Es blieb mir einfach nichts anderes übrig, als wieder mal von vorne anzufangen.

Teil V

Um im Westen Fuß fassen zu können, gab es für mich nur eine Möglichkeit. Jos Mutter. Ich selbst hatte niemanden, auf den ich zugehen konnte. Meine Schwiegermutter bewohnte ein sehr großes Zimmer, wo ich erst mal bleiben konnte. Sie selbst hielt sich größtenteils bei ihrer Tochter auf, die mit ihrer Familie ein großes Haus führte, und da fühlte sie sich in ihrem Element.

Jo kam für kurze Zeit zu Besuch. Es war gerade die Karnevalszeit. Jos Schwager, sehr gesellig, fuhr Rosenmontag mit seiner ganzen Clique nach Düsseldorf. Die Ostzonen-Verwandten mußten natürlich mit. Nachdem wir uns den Rosemontagszug angesehen hatten, landeten wir in einem Lokal. Alles bestellte erst mal was zu essen und zu trinken. Nur Jo und mich hatte man vergessen. Da wir ja kein Westgeld besaßen, konnten wir auch nichts bestellen. Bei meinem derzeitigen Temperament war ich ganz schön wütend. Schließlich hatten wir ja nicht darum gebeten, mitgenommen zu werden. Aber dann erbarmte sich doch jemand aus der Gesellschaft und bestellte etwas für uns. Ziemlich deprimiert war ich auch, als Jos Schwester mit Mann mich zu einem Einkaufsbummel durch die teuersten Boutiquen Essens mitnahmen und für ihre Garderobe eine Menge Geld ausgaben. Für jemanden, der aus der Ostzone kam, die allgemeinen und insbesondere trostlosen Zustände gewohnt war, nicht gerade erfreulich. Aber auf so was kamen die lieben Verwandten natürlich nicht.

Den ersten Job bekam ich durch Jos Schwager, als technische Zeichnerin in einem Konstruktionsbüro. Als Ersatz für einen Zeichner, der durch Krankheit vorübergehend ausfiel. Es war leider nur für ein halbes Jahr. Da ich neun Jahre lang nicht mehr in diesem Beruf gearbeitet hatte, mußte ich mich natürlich erst wieder einarbeiten. Jedenfalls war es erst mal ein Anfang. Danach konnte ich mich als arbeitslos anmelden und bekam Stempelgeld. Bewerbungen hatte ich reichlich geschrieben, aber ohne Erfolg.

90

Stempeln sah derzeit folgendermaßen aus: Dienstags mußte man persönlich beim Arbeitsamt vorstellig werden und freitags wieder persönlich sich das Stempelgeld für eine Woche abholen. In einer Baracke, in einer langen Schlange armseliger Figuren stehend, bewegte man sich langsam an einem gammeligen Holztisch entlang, wo man die paar Kröten ausbezahlt beziehungsweise hingeschoben bekam.

Das Verhältnis zwischen meiner Schwiegermutter und mir war nur so lala. Wenn sie oft nachts um ein Uhr nach Hause kam, machte sie, ohne Rücksicht auf mich, ziemlich viel Lärm. Riß sämtliche Fenster auf etc. Dann verlangte sie, daß ich ihr mein Gehalt für Wohnen und Verpflegung geben sollte. Mit der Bemerkung, ich brauchte ja nicht dauernd Schokolade in die Ostzone zu schicken.
Da sie absolut nicht mit Geld umgehen konnte, verkündete sie mir meistens Mitte des Monats, sie hätte kein Geld mehr, wir müßten uns bei ihrer Tochter durchfüttern, für die ich nebenbei noch nähen mußte. Einmal war ich mit einem Kleid nicht zum gewünschten

Zeitpunkt fertig geworden. Ich war fürchterlich erkältet und fühlte mich recht elend. Meine Schwiegermutter war so erbost darüber, daß sie mich rausgeworfen hat. Ich flüchtete mich zu einer Nachbarin, bis sie sich wieder beruhigt hatte. Meine Schwägerin hatte nebenbei mehr als genug anzuziehen.

Ich muß sagen, das Arbeitsamt gab sich damals noch sehr große Mühe, seine arbeitslosen Schäfchen unterzubringen. Nach ca. drei Monaten holte mich plötzlich ein Angestellter des Arbeitsamtes mit einem Mercedes ab und brachte mich stehenden Fußes zu einer Lederfabrik, die eine technische Zeichnerin suchte, um mich vorzustellen. Man war mit mir einverstanden, und ich wurde sofort eingestellt. Sie produzierten hauptsächlich Webstuhlleder. Meine Arbeit war recht vielseitig. Prospektgestaltung, technische Zeichnung, Büroarbeiten, Überprüfung der auszuliefernden Ware und weiteres. Einen Steno- und Schreibmaschinenkursus hatte ich belegt. Von Steno profitierte ich gar nichts. Was Schreibmaschine schreiben anbetrifft, schaffte ich es nur bis zum Zweifingersystem. Das war jetzt mein erster fester Arbeitsplatz von 1954 bis 58.

Nebenbei bemühte ich mich um eine Zuzugsgenehmigung. Irgendwie war es eine recht blödsinnige Angelegenheit. Eine Zuzugsgenehmigung bekam man nur, wenn man eine Arbeitsgenehmigung hatte. Und die bekam man erst, wenn man eine Zuzugsgenehmigung hatte. Aber mit viel Lauferei schaffte ich es.

Jo war jetzt auch endgültig zurückgekommen und arbeitete in einer Ziegelei. Wieder durch seinen Schwager bekamen wir auch eine Wohnung. Es war am Karfreitag, als wir vom Vermieter die Zusage erhielten. 1956. Auf Kredit schafften wir uns als erstes und wichtigstes eine Küche und Betten an. Nun konnte ich endlich die Kinder holen. Offiziell auf Interzonenpaß. Mit Liste, was man sonst noch mitnehmen durfte. Hauptsächlich Bettzeug und Wäsche. Etwas Schmuck hatte ich unter meinem Kopftuch versteckt. Die Russen kontrollierten am Grenzübergang sehr gründlich. Aber sicher wegen der Kinder beachteten sie mich nicht weiter.

Der letzte Abend auf der Plantage war etwas traurig. Besonders für Jür. Hinter dem Haus hatte er sich ein Beet mit Kopfsalat angelegt. Da saß er nun Abschied nehmend in seinem kleinen Garten. Todtraurig. Etwas war er dann getröstet, als wir eine große Schüssel Salat davon machten und zum Abendbrot verspeisten.

Im übrigen wurde es auch höchste Zeit, daß die Kinder wieder zu uns kamen. Als ich ankam und Ute so klein und verloren in der Küche stehen sah, entzündete Augen, das Kleidchen vorne mit einer Sicherheitsnadel zusammengehalten, war das schon erschreckend für mich.

Dann noch eine Panne. Jo, der uns in Dortmund abholen sollte, war nicht da. Den Schlüssel zur Wohnung hatte er. Jürgen kletterte durch ein offenes Fenster zum Hof, und so war die Situation gerettet.

Ute machte der Schulwechsel keine Schwierigkeiten, trotzdem sie ein halbes Jahr überspringen mußte. Dafür gab es mit Jür. etwas Ärger. Wenn mich ein Mitschüler nicht auf der Straße angesprochen und gefragt hätte, wie es Jür. gehen würde, er glaubte, er sei krank, hätte ich gar nicht gemerkt, daß mein Sohn einfach die Schule schwänzte.

Meine Tage waren nun restlos mit Arbeit ausgefüllt. Voll berufstätig. Die Wohnung, die Familie versorgen. Waschen wie in alten Zeiten. Wäsche im Kessel kochen, in der Waschmaschine schlagen, besonders schmutzige Stellen auf dem Waschbrett nachbearbeiten, durch die Mangel drehen, im Garten trocknen. Für die Kinder genäht. Einen ganzen Ballen Nessel gekauft und Bettwäsche daraus genäht (mit handgestochenen Knopflöchern). Aus abgelegten Klamotten meiner Schwägerin für mich etwas geschneidert, damit ich auf der Arbeitsstelle gut angezogen war. Eine alte Nähmaschine hatte ich von meiner Schwiegermutter bekommen.

Ein kleiner Lichtblick. Berufstätige Hausfrauen bekamen einen freien Tag im Monat. Aber nicht lange, dann wurde er wieder abgeschafft. Nicht zu vergessen, derzeit war die Arbeitswoche erst am Sonnabend mittag zu Ende.

Beruflich hatte ich noch einige Änderungen mitzumachen. Das Konstruktionsbüro, bei dem ich aushilfsweise gearbeitet hatte, trat an mich heran mit der Frage, ob ich nicht Lust hätte, bei ihnen ein Zeichnungsarchiv einzurichten. Da ich immer gerne etwas von Grund auf aufgebaut habe, nahm ich das Angebot an. Es hat mir auch Spaß gemacht. Ich hatte mein Reich für mich. Nachdem der gesamte Zeichnungsbestand ordnungsmäßig registriert und karteimäßig erfaßt war, was zunächst viel Arbeit war, hatte ich nur noch Zeichnungen, die man jetzt mühelos fand, mit Quittung auszugeben und dafür zu sorgen, daß sie nicht verlorengingen. Oft waren Zeichnungen auch beschädigt, die ich wieder neu zeichnete. Während dieser Zeit habe ich auch meinen Führerschein gemacht. 1962. Ca. 210 DM.

Jos Schwester hatte uns eine schöne 2-Zimmer-Wohnung zur Verfügung gestellt. Inzwischen hatten wir auch etwas Geld gespart und konnten uns fast neu einrichten. Also zogen wir mal wieder um. Jo bekam einen Job bei einer Getränkefirma. Langsam kam uns der wirtschaftliche Aufschwung auch zugute. Unser erstes Auto konnten wir uns leisten. Einen Opel Kadett.

Dann trat für mich eine enorme Veränderung ein. Jo entschloß sich, eine Gaststätte zu übernehmen. Ich sollte als Wirtin fungieren. Begeistert war ich nun wirklich nicht. Ein Gaststättenbetrieb war mir vollkommen fremd. Jo hatte beruflich hauptsächlich mit Gaststätten zu tun gehabt, während er mich selten in ein Lokal ausgeführt hatte. Aber wie immer blieb mir nichts anderes übrig. Habe es jedenfalls geschafft, auch mit diesem Problem fertig zu werden. Ich muß zugeben, es war eine recht amüsante und auf eine gewisse Weise interessante Zeit. Schon alleine die unterschiedlichsten Typen von Leuten kennenzulernen. Andererseits war das Ganze mit enorm viel Arbeit verbunden. Ich mußte alles selber saubermachen und stand dann noch bis nachts hinter dem Tresen. Ute hatte inzwischen die Schule beendet und half in der Gaststätte aus. Sie ist später in dieser Branche geblieben.

Jürgen hatte seine Lehre als Installateur beendet und diente beim Kommiß seine Dienstzeit ab. Wegen Trunkenheit am Steuer mußte Jo vier Wochen einsitzen. Nur stand ich in dieser Zeit mit allem alleine da. Viel verdient hatten wir mit der Gaststätte nicht. Seltsamerweise. Trotzdem wir immer reichlich Betrieb gehabt hatten.

1966 hatte ich noch ein kleines Mädchen zur Welt gebracht. Das war für mich der einzige Lichtblick in dieser Zeit. Alles andere ging endgültig in die Brüche. Von da an wurden „mein" Beruf und die Malerei zu einem wichtigen Bestandteil meines Lebens.

Ich versuchte also wieder in meinem Beruf unterzukommen. Ich bekam eine Stelle als Grafikerin in der Neon-Werbebranche. Wieder ein neues Arbeitsgebiet für mich. Für einen beleuchteten Schriftzug mußte millimetergenau eine Eins-zu-eins-Zeichnung angefertigt werden. Die Gehäuse der Blechbuchstaben wurden danach ausgeschnitten. Ebenso der Verlauf der Neonröhren, und alles andere war aus der Zeichnung ersichtlich. Oft handelte es sich um 100 cm große Buchstaben, und man war abends kreuzlahm.

Nach zwei Jahren war ich es leid bei dieser Firma. Erstens bekam ich nicht die versprochene Gehaltserhöhung nach der Probezeit. Zweitens mußten ständig unbezahlte Überstunden gemacht werden. Ich bemühte mich in aller Stille um einen neuen Job. Hatte auch gleich Glück. Diesmal als Entwurfszeichnerin für Neon-Werbeanlagen, bei einer Düsseldorfer Firma. Ich kam in die Duisburger Filiale. Wie üblich bekam ich nach meiner Kündigung alles Mögliche geboten, um zu bleiben. Aber ich hatte die neue Stelle schon festgemacht. Bei dieser Firma blieb ich bis zu meiner Pensionierung mit 62 Jahren. Die Arbeitsbedingungen waren soweit recht angenehm. Aber auch hier bekam ich nicht das gleiche Gehalt wie meine männlichen Kollegen. Es hieß einfach, als Frau brauche man ja auch keine Familie zu ernähren.

Weniger schön waren die privaten Dinge in diesen Jahren und daher nur kurz:
Meine Ehe wurde geschieden. Meine kleine Tochter meinem Mann zugesprochen, da er sofort wieder geheiratet hatte. Ich nahm mir eine Wohnung mit meiner Tochter Ute zusammen. Kim holte ich zum Wochenende und im Urlaub zu mir. Etwas, wo ich mich schon das ganze Jahr drauf freute. Ute arbeitete als Serviererin. In ihrer Freizeit unternahm auch sie etwas mit Kim, beispielsweise Besuch eines Zoos, und verwöhnte sie ansonsten mit netten Kleidchen etc. Ich war jedenfalls glücklich, wieder eine kleine Familie zu haben. Jür. hatte geheiratet.

Ich kaufte mir mein erstes eigenes Auto von dem wenigen Geld, das ich noch zusammenbekam. Einen NSU. Mein kleines graues Mäuschen. Trotz ständiger Reparaturen, der Preis war niedrig gewesen, aber das Alter beträchtlich, hat es mir noch lange gedient. Praktisch an ihm war, wenn er einmal mitten auf der Straße stehenblieb, was des öfteren vorkam, konnte man ihn spielend alleine an den Straßenrand schieben.

Dann hatte ich einen Unfall. Beim Überqueren der Straße hatte ich nicht aufgepaßt und wurde von einem Auto in voller Fahrt frontal angefahren. Lendenwirbel- und komplizierter Schienbeinbruch. Vier Monate Krankenhaus und dann wieder langsam laufen lernen. Aber auch das ging vorüber.

Dann mußte ich erneut auf Wohnungssuche gehen. Mein Mietvertrag wurde wegen Eigenbedarfs gekündigt. Unberechtigt, wie sich später herausstellte. Wir fanden aber eine sehr schöne Neubauwohnung. Größer und mit Balkon. Hier wohnte ich, bis meine Tochter heiratete und ich zu jemandem zog, mit dem ich seit einiger Zeit zusammen war. Diese Verbindung hat etliche Jahre bestanden. Für mich sehr wichtig aus dieser Zeit waren unsere Urlaube. Nachdem wir das erste Mal mit Jürgens Wohnwagen in Urlaub gefahren waren, wurden wir zu begeisterten Campern. Wir kauften uns gemeinsam einen nagelneuen Wohnwagen und bereisten sämtliche europäischen Länder. Am meisten waren wir in der Stiefelspitze Italiens und in Jugoslawien. Besonders das Städtchen Rovinje hatte es uns angetan. Da fuhr Kim noch mit. Ein Schäferhund kam auch noch dazu, den wir uns als winziges Etwas angeschafft hatten.
Um im Auto mehr Platz zu haben, kauften wir einen Mercedes Kombi. Meinen Wagen, einen VW Derby, mußte ich dann allerdings verkaufen. Was aus ihm wurde, möchte ich doch noch erzählen. Er ging an einen Italiener, der in seine Heimat zurückwollte. Im darauf folgenden Sommerurlaub fuhren wir wieder nach Italien. Als wir so durch Brindisi spazierten, sah ich plötzlich meinen Derby, immer noch mit der alten Kfz-Nr., vor einem Café stehen, in dem der Italiener saß. Ich war regelrecht gerührt. Eingedenk meines traurigen Abschieds von ihm. Schließlich hatte er mich sechs Jahre lang Tag für Tag begleitet. Wir wurden von dem Italiener zu einer kleinen Spritztour eingeladen, während der sogar mein Begleiter im stillen sein Testament machte. Kurze Zeit danach ist mein Derby auf dem Schrottplatz gelandet.

Dann heiratete auch Kim und wir fuhren noch einige Male alleine in Urlaub.

Nach meiner Pensionierung konnte ich mich nun voll und ganz meiner Malerei widmen. Absolvierte noch verschiedene Kurse für Ölmalerei, Aquarell, Aktzeichnen. Fotomotive von den Urlaubsreisen wertete ich für Aquarelle aus. Aber mein Hauptinteresse galt dem Porträt, Aktkompositionen und nebenbei der modernen Grafik.

Mein Geburtstag 1991 war für mich ein besonderes Ereignis. Ich hatte mir selber etwas geschenkt. Fünf Tage Paris. Einen ganzen Tag lang habe ich mich im Louvre aufgehalten, um mir alles in Ruhe anzusehen. Vor allem die „Mona Lisa".

Inzwischen hatte ich mich einer Künstlergruppe angeschlossen. Wir machten Ausstellungen und konnten ab und zu etwas verkaufen. Aufträge für Portraits bekam ich des öfteren. Aber der große Durchbruch gelang mir nicht.

Es war mir auch nicht ganz so wichtig, da die Malerei als solche mein Leben ungemein bereichert hat.

Kohlezeichnung   50 x 65 cm

Tempera   95 x 72 cm